新しいメキシコ・ガイド

メキシコシティ プエブラ オアハカ

長屋美保　福間優子

この本は、メキシコシティに住む音楽・映画・カルチャー好きなライターと
東京に住む料理・アート・クラフト、そしてメキシコ好きなデザイナーが作った
少しだけ偏ったガイドブックです。

メキシコには素晴らしい観光名所はたくさんありますが、
この本では現地に住んでいるからこそ得られる情報と、
何度が訪れて知った旅行者ならでは視点を合わせて、
メキシコシティ、近郊のプエブラ、オアハカの私たちのおすすめを集めました。
より深くメキシコが実感できる場所や習慣など、知っているとさらに旅が楽しめるコンテンツも。

まだまだ書ききれないほどメキシコの魅力はありますが、
少しでも旅のお役にたてたら幸いです。

CIUDAD DE MÉXICO

01 メキシコシティの歩き方　Ciudad de México —— 8

02 タマレスで朝食を　Tamales Madre —— 10

03 フルーツ天国のフレッシュなジュース　Ojo de Agua —— 12

04 デザイン会社が運営するユニークな本屋さん　Librería Casa Bosques —— 14

05 古代から伝わる発酵グルメの店　Coyota —— 16

06 世界最高峰のチョコラテをどうぞ　La Rifa Chocolatería —— 18

07 かわいい老舗のアイスクリーム屋さん　Nevería Roxy —— 20

08 CDMXカルチャーの発信基地　Loose Blues —— 22

09 ディープなメキシコをさがしに　Compras en Los Mercados —— 24

10 メキシコ・コーヒーの深遠　Forte —— 26

11 メキシコの色を身に付ける　Columpio —— 28

12 メキシコ産のナチュールを飲む　Si Mon —— 29

13 料理研究家が営むデリ　Delirio —— 30

14 これぞメキシコの味！ タコスいろいろ —— 32

　　　伝統を受け継ぐスモーク・タコス　Tizne Tacomotora —— 32

　　　たくさんのおかずから選ぶ惣菜タコス　Tacos Hola El Güero —— 33

　　　メキシコとアラブのエキゾチックな融合
　　　　Baltazar "Los Árabes de México" —— 34

　　　牛肉の旨みがたっぷり、メキシコシティの味　Tacos El Güero —— 35

　　　クリスピーでジューシー、行列ができる店　Taquerías El Huequito —— 36

　　　手間ひまかけたラムのタコス　El Hidalguense —— 37

15 空間が語りかけるレストラン　Mata Comedor Cantina —— 38

16 地元の人たちが通う生鮮市場　Mercado —— 40

17 台所でおなじみのホウロウ製品　Almacenes Anfora —— 42

18 みんなに愛されている老舗のパステレリア　Pastelería Ideal —— 44

19 もう一度行きたくなるレストラン　Paradero Conocido —— 50

20 おなかも心も満たす伝統のスープ　Pozole —— 51

21 クラシカルな時間が流れる店　Café de Tacuba —— 52

22 歴史地区の真ん中でおいしいシーフードを　Caracol de Mar —— 54

23 一度は食べたいチュロス　El Moro —— 56

24 メキシコ名物、ファニーなくす玉　Piñata —— 58

25 青空に似合うパペル・ピカド　Papel Picado —— 59

26 光と色に住まう、ルイス・バラガン建築の家　Casa Pedregal —— 60

27 溶岩の上でグルメや買い物を楽しむ　Tetetlán —— 66

28 みんな大好き、甘いパン　Pan Dulce —— 68

29 洗練されたクラフトを見つけに　Onora —— 70

30 昼と夜の顔を持つガストロノミー　Ticuchi —— 72

31 現代美術を楽しもう　Kurimanzutto —— 74

32 秘密にしておきたいレストラン　Tierra Adentro Cocina —— 76

33 伝説の夫婦が暮らした家　Museo Casa Estudio Diego Rivera y Frida Kahlo —— 78

34 空中に浮かぶ本棚、バスコンセロス図書館　Biblioteca Vasconcelos —— 82

35 街を見守る褐色のマリア　Virgen de la Guadalupe —— 84

36 人生とともにあるダンスと音楽　Salón Los Ángeles —— 86

37 情熱的かつクール、メキシコ壁画運動　Sala de Arte Público Siqueiros —— 88

38 週末は森の中の文化センターに！　Complejo Cultural Los Pinos —— 90

PUEBLA

39 メキシカン・バロックの教会めぐり　Cholula —— 94

40 タラベラ焼きに囲まれてのんびり過ごす　Casareyna —— 98

41 メキシコ料理といえば、モレ！　Mole —— 102

42 伝統的なレシピで作る美しい郷土菓子店　Priesca-del Fogón a la Boca —— 104

43 美しいアンティークショップに寄る　La Quinta de San Antonio —— 107

44 プエブラのストリートフード　Chalupas, Cemitas, Molotes, Tacos Árabes —— 108

45 週末のアンティーク市　Plazuela de Los Sapos —— 110

OAXACA

46 オアハカの歩き方　Oaxaca de Juárez —— 112

47 オアハカでとっておきの民芸品を見つけよう　Artesanías de Oaxaca —— 114

48 フェアトレードでオアハカの民芸品を　Aripo —— 118

49 女性たちの手が作る、大地の色の陶器　1050 Grados —— 120

50 自然の力をかりて、丁寧に仕立てた服　Mexchic —— 122

51 テキスタイルを愛する人たちへ　Texere —— 124

52 メキシコのサウナ　Temazcal —— 128

53 料理人親子の特別なメキシコ料理店　Alfonsina —— 130

54 やさしい飲みものアトレをどうぞ　La Atolería —— 134

55 地元の人が選ぶチョコラテの名店　Chocolate y Mole Guelaguetza —— 135

56 こだわりのマイス料理店　Itanoní —— 136

57 オアハカの味が詰まった市場　Mercado 20 de Noviembre —— 138

58 ここでしか食べられないフレッシュ・チーズ　Quesillo —— 139

59 イスモ地方の料理が楽しめるバー　Zandunga —— 140

60 様々なメスカルが揃うバー　Mezcalería Los Amantes —— 141

61 洗練を極めた青のホテル　Hotel Azul —— 142

62 ほっとするレストラン　Casa Taviche —— 144

63 巨大サボテンに会いに行く　Jardín Etnobotánico de Oaxaca —— 145

64 いつでも塗り直しOKな看板　Rótulos —— 146

旅の思い出あれこれ —— 152

メキシコの移動手段 —— 154

メキシコ食べ物用語集／ミニ会話メモ —— 155

旅の便利帳 —— 156

CIUDAD DE MÉXICO

メキシコシティ

01
メキシコシティの歩き方

Ciudad de México
シウダー・デ・メヒコ

　メキシコシティはモダンと伝統が複雑にミックスされた、エネルギッシュでユニークな街。とても広いので、まずは簡単にエリアの特徴を紹介します。

　ローマ、コンデサ、フアレスは緑豊かで、おしゃれなショップや飲食店が多いエリア。比較的治安もいいので、この本でも多くの店を紹介しています。セントロはソカロ（中央広場）を中心に、独立記念塔やベジャス・アルテス宮殿などの建造物や老舗レストランなどもある歴史地区。多くの観光客で賑わうエリアです。

　ポランコは街並みが美しい高級住宅街で、ハイソなレストランやアパレルショップが並びます。チャプルテペックにはメキシコで最大の公園があり、園内に国立人類学博物館や博物館 Cencalli (p.90)、周辺にはルイス・バラガン建築やギャラリー、美術館が多いエリア。コヨアカンはメキシコらしいカラフルでコロニアルな街並みが広がる文化エリアです。

　メキシコって危なくないの？とよく聞かれるのですが、答えは、日本と比べるとはるかに「危ない」。なので早朝深夜に移動しない、高価な物を持ち歩かない、治安の悪いエリア（Tepito や Doctores など）にはむやみに近づかないなど、普段よりも気を引きしめる、その心構えが大事。

　そうしてさえいれば、メキシコは大らかで陽気に迎えてくれるでしょう。

02
タマレスで朝食を

Tamales Madre
タマレス・マドレ

　タマレスは、マイス（トウモロコシ）の粉で作られた生地で具材を包み、マイスの皮やバナナの葉で包んで蒸した軽食。中にはソースで味付けした肉や野菜の具がたっぷり入っています。高地で朝晩が冷えこむメキシコシティでは、大鍋に入った熱々のタマレスを売る屋台やリヤカーをよく見かけます。

　そんなタマレスを愛し、こだわっているのがこの店。キッチンがメインの小さな空間には、材料のマイスやハーブ、野菜、豆類がまるでオブジェのようです。

　この店が使用するマイスは在来種のみ。その粒を毎日挽いて、煮て、生地を作り、具材にもローカル産の新鮮な食材を使っています。

　メキシコ各地の伝統的な作り方のタマレスが並びますが、盛り付けもお洒落です。小さめサイズなので、いくつかを食べ比べできるのも嬉しい。ビーガンやベジタリアン向けのメニューもあります。

　朝早くから営業しているので、朝食にもいいです。

Tamales Madre
Liverpool 44a, Juárez, Cuauhtémoc
https://tamalesmadre.com
instagram.com/tamalesmadre/

03
フルーツ天国のフレッシュなジュース

Ojo de Agua
オホ・デ・アグア

　日差しが強く、乾燥しがちなメキシコシティでは、ビタミンたっぷりなフルーツジュースがひときわ美味しく感じられます。フレッシュジュースを飲むならば、市内のあちらこちらで見かけるフルーツ店 Ojo de Agua がおすすめです。中でも、緑豊かで噴水があるロータリーを望むコンデサ店は居心地がいい。犬と散歩していたり、ランニングする人たちが、朝早くからひっきりなしに訪れています。

　豊富なフルーツがあるメキシコでは、ジュースやカットフルーツの店がいたる所にありますが、エストラーダ夫妻が 1960 年代に開業した Ojo de Agua もそんな店のひとつでした。しかし、息子たちの代になり、この店はコンセプトをヘルシー志向に変更。無農薬やオーガニックの野菜やフルーツを使ったジュースが飲める場所として評判です。さらに、ここで使用している野菜やフルーツを店頭で買うこともできるようになりました。

　ドリンクメニューは 30 種類くらいあって、選ぶのに迷ってしまいますが、ここでは、マンゴーやグアバなどのメキシコならではのフルーツを組み合わせたスムージーがおすすめ。もちろんシンプルなオレンジジュースも、搾りたてなのでおいしいです！

　また、この店は料理が自慢のレストランでもあります。メキシコ料理の朝食の定番、チラキレスやエンチラーダスなどにも野菜やハーブをたっぷり添えているので、野菜をとりたい時にもいいですよ。

＼ フルーツスペイン語ミニ辞典 ／

Fresa	いちご
Plátano	バナナ
Naranja	オレンジ
Sandía	すいか
Piña	パイナップル
Durazno	桃
Manzana	りんご
Toronja	グレープフルーツ

Ojo de agua
Citlaltépetl No.23 C, Hipódromo Condesa, Cuauhtémoc
https://grupoojodeagua.com.mx
instagram.com/ojodeaguamexico/

04
デザイン会社が運営するユニークな本屋さん

Librería Casa Bosques
リブレリア・カサ・ボスケス

　旅にでるとその国の本屋が気になります。セレクトがよくて、ちょっと気のきいてる小さめの店。興味があるのは料理本や、イラストやデザイン、写真などのアート本、建築、カルチャーなどなど……。多少重くても仕方ない！と分厚いハードカバーの本を買い込んだり。例えばそれが、その国の本じゃなくても一期一会なので、別に構わないのです。

　Librería Casa Bosques は、メキシコシティとニューヨークに拠点を置く、ブランディングと建築デザインの会社が立ち上げた本屋。場所は一見わかりにくいですが、通り沿いにある看板をたよりに、インターホンを鳴らすと鍵をあけてくれます。店に続く階段をあがると、どことなく誰かの家のリビングのような空間。本が飾るように並べられているので、カバーが気になるものから手に取ります。

　この本屋がユニークなのは、本以外にもオリジナルのチョコレートを作っていたり、ゲストハウスを運営しているところ。チョコレートは、料理人や職人とコラボレーションしたコンセプチュアルなものが多く、パッケージも素敵！

Librería Casa Bosques
Córdoba 25, Roma Norte, Cuauhtémoc
https://casabosques.net
instagram.com/casabosques/

05
古代から伝わる発酵グルメの店

Coyota
コヨータ

　古い商店が立ち並ぶ下町のサンタマリア・ラ・リベラ地区で、緑に囲まれたちょっと目を引く食堂があります。それが、発酵食品にこだわって、いろいろなメニューを開発・提供しているグループ、セクストが立ち上げた Coyota。小さな公園の前にあり、地元の憩いの場として定着しているようです。

　この店でぜひ試していただきたいのは、たくさんある発酵飲料。リュウゼツランのにごり酒のプルケや、パイナップルとケーンシュガーから造られる甘酸っぱいテパチェ、マサ（トルティーヤの生地）を発酵させたコクのあるテフィーノ……。スペイン人がやって来る前からこの地で飲まれていたこれらの発酵飲料を、ビールやメスカルで割った珍しいカクテルも美味しい！

　メニューにはミートボールとマサを丸めたお団子をトマトソースで煮込んだ洋食とメキシコ伝統料理をミックスしたひと皿があったり、メキシコ定番料理のタマレス（p.10）のほか、月替わりで野草や珍しいチレ（唐辛子）、山で採れたきのこなど、旬の素材を使い、メキシコ各地の伝統にインスパイアされた料理の数々が。料理を引き立てるソースやピクルスなどにも発酵食材を使用する徹底ぶり。隣の人とも、お互いが食べていたり、飲んでいるもののことで会話がはずんでしまうような、不思議な店です。

Coyota
Santa María La Ribera 12-Local 9,
Jardín Mascarones,
Santa María la Ribera, Cuauhtémoc
instagram.com/coyota_mx/

06
世界最高峰のチョコラテをどうぞ

La Rifa Chocolatería
ラ・リファ・チョコラテリア

　大きな街路樹が並ぶロータリーがあるディナマルカ通りは、歩くのが心地よい界隈です。このあたりにはカフェも多いのですが、せっかくですから、本格的なチョコラテ（チョコレート・ドリンク）はいかがでしょうか？

　La Rifa Chocolatería は、生産地の環境活動にも貢献するチームが運営し、メキシコ南部のチアパス州とタバスコ州のフェアトレードのカカオを使っているお店です。

　チョコラテは、ホットとアイスの両方があるのはもちろん、カカオの濃度（50、70、100%）や、水で割るか、ミルク（牛乳か、ソイ、アーモンドなどの植物性ミルク）で割るかを選べます。さらに、蜂蜜、カルダモンまたはチレ（唐辛子）を加えられるのです！　ひと口飲んだだけで、カカオの濃厚な香りが身体に染み入って、元気が出る──甘いだけのチョコラテとは違うと唸ってしまうほど。

　店の奥には、160時間以上かけてカカオを発酵させて、おいしいチョコラテを生み出す工房があり、甘いパンなどのスイーツも、毎日焼かれています。

　生産地の風景が描かれたパッケージのオリジナルのチョコレートは、お土産にもぴったり。　原料はカカオとケーンシュガーのみとシンプルなのに、国際チョコレート・アワードの受賞歴があり、その品質はお墨付きです。

La Rifa Chocolatería
Dinamarca 47, Juárez,Cuauhtémoc
instagram.com/larifachocolateria/

07
かわいい老舗のアイスクリーム屋さん

Nevería Roxy
ネベリア・ロキシー

　メキシコのアイスにはシャーベット系のニエベ（Nieve）と、クリーム系のエラード（Helado）があります。冬でも日中は20度以上の気温になることがあるメキシコシティでは、どちらも一年中食べられている、みんな大好きなおやつ。
　そんなアイスの名店がこちら。ハリスコ州グアダラハラの映画館ロキシーでアイスを売り始めたガジャルド一家が、1946年に首都のコンデサ地区に移転して以来、アイスクリーム店 Nevería Roxy はずっとこの地区のランドマーク的な存在なのです。
　ここでは、メキシコにしかないトロピカル・フルーツで作ったニエベを試してみて。こってりとしたオレンジ色の果肉のマメイ、エキゾチックで濃厚な香りのするグアナバナ、洋梨のような味わいのトゥナといった、珍しいフルーツがさわやかな甘さのおいしいアイスになっています。
　白とミントグリーンの店内は、赤いチェアがアクセント。フォトジェニックなアメリカのダイナーみたいな店で、アイスを片手にふと隣のテーブルに目をやると、常連らしきシニアのカップルがコーラ・フロートを嬉しそうに食べていたりして。散策の合間に立ち寄りたい店です。

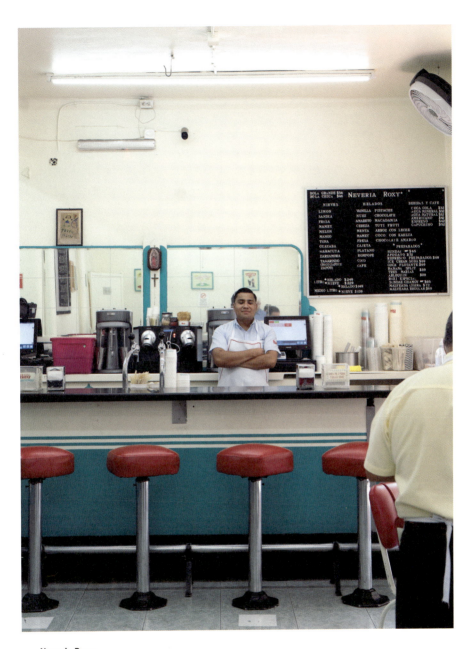

Nevería Roxy
Fernando Montes de Oca 89, Condesa, Cuauhtémoc
https://www.neveriaroxy.com.mx
instagram.com/neveriaroxy/

08
CDMXカルチャーの発信基地

Loose Blues
ルース・ブルース

　ここ5年ほど前から、フアレス地区にはメキシコの新しいアパレル・メーカーのフラッグショップやオフィスが増えて、クリエーティブな人たちの勢いを感じる場所になりつつあります。その火付け役と言えるのが、2013年からここにある、セレクトショップ／レストラン・バーの Loose Blues です。

　オーナーはメキシコシティ出身のジャッキーと、広島出身の翔太くんのカップル。日本ファンのジャッキーと、メキシコのカウンター・カルチャーが好きな翔太くんのセレクトが面白いのです。私も知らないような、日本のニッチなブランドの服や文房具がある一方で、メキシコのインディペンデント・ブランドの服やアクセサリーなどが集まっています。どのアイテムもありきたりではないので、メキシコの人々も興味深そうに覗く店です。

　メキシコと日本の新鮮なミックスは、2階にあるレストラン・バーのおいしい料理やカクテルでも感じることができます。メスカルを出す店はメキシコ中にいくらでもありますが、ここのメスカルは希少な野生のリュウゼツランから作られていて、ほかではなかなか飲めません。

　店内のあちらこちらの壁には、ギャラリーのようにローカルのアーティストたちのアートが飾られていて、定期的に作品が入れ替わります。さらに週末の夜はDJを招いてのイベントも行っていて、カルチャーにあふれているのです。いつでも新たな発見があるので、ここには世界中のいろいろな場所から人が訪れていて、みんなそれぞれ Loose Blues という空間を愉しんでいるようです。

Loose Blues
Dinamarca 44, Juárez, Cuauhtémoc
https://www.looseblues.mx
instagram.com/loose_blues/

09
ディープなメキシコをさがしに

Compras en Los Mercados
コンプラス・エン・ロス・メルカドス

　メキシコシティには特色のあるユニークな市場がたくさんあります。中でも人気の4つを紹介します。

　1. シウダデラ民芸品市場（ディープ度 ★☆☆）：メキシコらしいお土産を買うのならば、この市場。迷路のように入り組んだ市場内は、メキシコ全土からの民芸品が集まっていて、くまなく眺めてしまいます。市場内には工房もあって、民芸品を職人たちが実際に作っている姿を垣間見ることも。

　2. ソノラ市場（ディープ度 ★★★）：生鮮や日用品を扱うメルセー市場の近くにあるかなりディープな市場。呪術用のグッズや薬草、お香などの店や、お祓いや占いの部屋があるエリアや、パーティグッズ、おもちゃ、陶器を売るようなエリアも。いずれにしても、キッチュでほかでは見かけない変わったアイテムが見つかります。

　3. ラグニージャのアンティーク市（ディープ度 ★★☆）：アンティーク市が市内のどこかでいつも開催されているメキシコシティですが、品揃えが良いので知られているのがここ。毎週日曜に開かれて、どこかの家に眠っていた写真や絵画、調度品、家具、洋服、果てはジュースの瓶などなど、珍しいものが並びます。アンティークに紛れて、アーティストの作品や、インディペンデント・ブランドの服や工芸品が売られています。

　4. イグナシオ・チャベス公園のアンティーク市（ディープ度★☆☆）：ローマ地区に隣接するクアウテモック通りの公園内で毎週土曜と日曜に行われているアンティーク市。アンティーク好きにはラグニージャよりも値段が安めと言われています。日用品よりもおもちゃの割合が多いのでトイ・コレクターに人気の市場です。

　カードが使える店も増えていますが、細かい現金を忘れずに携帯しましょう。そして、くれぐれもスリには気をつけて。

1_Mercado de Artesanías la Ciudadela
Balderas S/N, Centro, Cuauhtémoc
instagram.com/
mercadodeartesaniaslaciudadela/

2_Mercado de Sonora
Fray Servando Teresa de Mier 419,
Merced Balbuena, Venustiano Carranza
https://mexicocity.cdmx.gob.mx/
mercado-sonora/

3_El Mercado Dominical de Antigüedades de la Lagunilla
Ignacio Allende 127, Lagunilla, Morelos, Cuauhtémoc
https://mexicocity.cdmx.gob.mx/venues/mercado-la-lagunilla/

4_Tianguis de Cuauhtémoc
Parque Dr. Ignacio Chávez, Av. Cuauhtémoc esquina con Dr. Liceága, Doctores, Cuauhtémoc

10
メキシコ・コーヒーの深遠

Forte
フォルテ

　かつてメキシコでは品質の良いコーヒーは輸出用で、人々はそれを飲む機会がありませんでした。レストランでコーヒーを頼むとインスタントコーヒーの瓶とお湯が入ったカップを出されるのが当たり前だったのです。しかし、近年は自家焙煎をし、淹れ方にこだわったカフェが急増中。中でもメキシコシティでトップレベルのコーヒーを出すのが、この Forte です。

　天井が高くインダストリアル調の店内には、焼きたてのパンとコーヒーのいい香りが立ち込めていて、これは間違いない店だと直感させます。

　ここでは、代表的なメキシコのコーヒー産地であるベラクルス州、チアパス州の豆だけでなく、珍しいゲレロ州のゲイシャ種の豆も扱っています。それをドリップで淹れてもらうと、ベリーのようなひと口目の印象が、花やバニラのようにも変化して複雑で忘れがたい。その奥深さに驚きます。

　オーナー・シェフのラファエルの兄、フリアンは国際コンクールで評価されるバリスタ／ロースターで、彼が運営するメーカー、Pólvora の豆をこの店では使っています。

　ラファエルは発酵を食に取り入れるのが好きなことから、コーヒーにも魅せられたそう。だから、この店のパンやピザ、ヨーグルト、キムチは手作り。料理もおいしいので、ブランチするのにぴったりな場所です。

Forte Roma
Querétaro 116, Roma Norte, Cuauhtémoc
instagram.com/fortebreadcoffee/

11
メキシコの色を身に付ける

Columpio
コルンピオ

　色であふれているメキシコにいると、気分が高揚するのか、普段は付けないようなカラフルなものを身に付けたくなるから不思議。

　Columpio はメイド・イン・メキシコのユニークなアクセサリーやバッグなどの小物、洋服の店。まず目につくのは、Polo & Storch というブランドのビーズやアクリルを使ったアクセサリー。カラフルな色やグラフィカルなパターンの組み合わせがとっても楽しい！　Caan Estudio は石素材で有機的な形が魅力的なブランド。こちらはおさえた色でシンプルなので、付けやすいです。洋服もメキシコの作り手のものが並びます。オアハカに拠点を置く Hombre Necio は、切り絵のようなオリジナルのテキスタイルが素敵です。

　小さなお店ですが、実は隣もその隣も同じ系列店。コンセプトを変えたユニークなショップやギャラリーが並んでいます。

Columpio
Atlixco 71, Condesa, Cuauhtémoc
instagram.com/columpioropa/

12
メキシコ産のナチュールを飲む

Si Mon
シ・モン

　この頃、メキシコのワインが、美味しいのです。アメリカ大陸最古のワイナリーがある北部や、近年ワイナリーが増えている中央高原部がおもな生産地ですが、日常的に飲める手頃なものでもなかなかの味。ただ、上質なものは高級レストランでしか飲めないのが悩ましいところ。

　そんなメキシコのいいワインをカウンターで飲める店が Si Mon。あまり見かけないメーカーの、原料や醸造法にこだわったワインを揃えています。

　おすすめは、蜂のラベルがかわいいバハ・カリフォルニア州のエシカルなワイナリー、Dominio de las Abejas のオレンジワイン。フルーティかつネクターのようなコクもある、めったに出会えない味。メキシコでは、ナチュールの生産の歴史が浅いので高級ですが、新しい味を求めて寄りたくなってしまいます。ローカル産のチーズやハムなどを使ったタパスも本格的です。

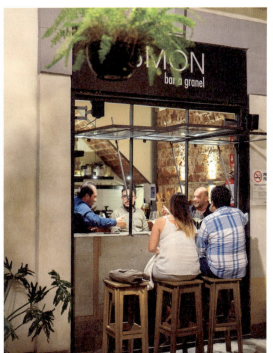

Si Mon
Zacatecas 126, Roma Norte, Cuauhtémoc
instagram.com/vinos_simon/

13
料理研究家が営むデリ

Delirio
デリリオ

　ローマ地区を散歩していると、賑わっているデリを発見。コーヒーでも飲もうかと中に入るとそこには、パンやケーキなど軽食のほかに、チリオイルやハーブ塩など、オリジナルの瓶詰め商品がずらりと並んでいました。

　Delirio は、メキシコを代表する料理研究家のモニカ・パティーニョさんが立ち上げた店。市内に3店舗あり、コリマ通り添いにあるこちらの店舗は、入口のサンドイッチのスタンドが目印。

　メキシコでよく見かけるチリオイルは、ラー油のようにネギやニンニクなどの香りや旨みが足されたものではなくて、ストレートに唐辛子の辛さを感じるオイル。タバスコのように発酵しているわけではないので、酸味はありません。

　また、メキシコは塩の生産地としても有名で、私たちが日本のスーパーでよく見かけている、とあるメーカーの塩も、実はメキシコ産だったりします。

　オリジナル商品はほかにもジャムやソース、トルティーヤのチップスやパスタなどもあって、パッケージもかわいいので、ついつい帰りの荷物のことを考えずにあれこれほしくなります。

　メキシコでカフェに入ると、コーヒー豆と一緒にチリオイルや塩が売られていることが時々あって、こんなところにもメキシコらしさを感じます。

Delirio Abarrotes
Colima 114, Roma Norte, Cuauhtémoc
https://delirio.mx

14
これぞメキシコの味！ タコスいろいろ

　タコスは先住民と移民たちの食文化が混じり合って生まれた料理。だから、その具材や食べ方は実にバラエティに富んでいます。ここでは、個性が際立ち、味も確かな6店を紹介します。

伝統を受け継ぐスモーク・タコス

Tizne Tacomotora
ティズネ・タコモトーラ

　メキシコ料理には古くから食材を燻したり、焦がしたりする調理法がありますが、この店ではそんな伝統を踏まえながら、洗練されたタコスを出しています。
　スモークした肉や野菜はもちろんですが、アボカドや塩、チレも燻し、その灰をアクセントに使っているのです。ブリスケット（牛の胸部肉）やポークベリー（豚バラ肉）といったメニューは、アメリカンなタコスのようにも見えますが、食べれば良い意味で予想を裏切られるはず。
　焦がしカラメルと焚き火で炙ったかのようなマシュマロがトッピングされたアイスクリーム・タコスも、ぜひ。

Guanajuato 27-B, Roma Norte, Cuauhtémoc
instagram.com/tiznetacomotora/

たくさんのおかずから選ぶ惣菜タコス
Tacos Hola El Güero
タコス・オラ・エル・グエロ

　1968年創業のタコス・デ・ギサード（惣菜タコス）のお店で、近隣の住人たちだけでなく、この辺りで働く人たちも訪れる老舗です。具材の入った土鍋がたくさん並んでいるのを眺めるだけでも、どれにしようかとワクワク。おかずを選ぶと、お店の人がトルティーヤにのせてタコスにしてくれます。
　迷ったあげく、いつも選ぶのは、モレを添えたゆで卵にトマト味のライスをトッピング（メキシコでライスは主食ではなくサラダ感覚）。心とおなかを満たしてくれるような優しいタコスなのです。

Ámsterdam 135, Hipódromo, Cuauhtémoc
instagram.com/tacosholaelguero/

メキシコとアラブのエキゾチックな融合
Baltazar "Los Árabes de México"
バルタサール "ロス・アラベス・デ・メヒコ"

　プエブラ州に住むレバノン系移民の食文化から生まれたのが、タコス・アラベス。様々なスパイスでマリネした豚や牛の薄切り肉を、ドネルケバブのように回しながら焼き上げ、削ぎ落とし、具にするのです。アラブ料理のようにピタパンで具材を包みますが、メキシコらしいのは、マイスのトルティーヤを選ぶことができるところ。ここメキシコシティにもタコス・アラベスの店が何軒かありますが、セントロ地区にある Baltazar "Los Árabes de México" は、味もボリュームも申し分なし。タコス以外にもおいしいファラフェルやラッシーもどうぞ。

Isabel La Católica 96-local C, Centro,Cuauhtémoc
instagram.com/baltazar_tacosarabes/
＊このお店は移転することになりました。Instagram 等で営業を確認してから来店してください。

牛肉の旨みがたっぷり、メキシコシティの味
Tacos El Güero
タコス・エル・グエロ

　ブリスケットのコンフィを細かく刻んで具にしたのが、タコス・デ・スアデロ。昔、質の良い肉がなかなか手に入らなかったメキシコシティで、かたい肉を柔らかく、おいしく食べるための工夫として生まれた料理ですが、いまやこの街のタコスの顔。そんなタコス・デ・スアデロの店のイチオシが、サン・ラファエル地区にあるスタンド、Tacos El Güero です。

　メニューにはいろいろなタコスがあるのですが、あえてスアデロ一択です。レジで会計を先に済ませて、注文するものが書かれた紙を受け取った後に、調理しているカウンターまで行き、いよいよお待ちかねのタコスを受け取ります。

　厳選された肉はほろりとするまでコンフィされていて、レモンを搾り、少々の塩をかけるだけで、じゅうぶん。サルサなしでもおいしいくらいです（ちなみに、この店のサルサは目が飛び出るくらい辛いので気をつけて）。ぎょうざくらいの小さいサイズなので、いくらでもおかわりしたくなってしまいます。

Manuel María Contreras 59, San Rafael, Cuauhtémoc

クリスピーでジューシー、行列ができる店
Taquerías El Huequito
タケリアス・エル・ウエキート

　メキシコシティではタコス・デ・スアデロと並んで人気のタコスが、タコス・アル・パストール。タコス・アラベスと似たものですが、赤い乾燥チレを水で戻してペーストにしたものを豚肉に塗り込んでいくところが違います。肉の色がオレンジなのはそのせい。さらに、パイナップルや玉ねぎの甘みで下味をつけて焼いていきます。

　Tacos El Huequito は、そんなタコス・アル・パストールで最も有名な店のひとつ。店の前には、常にお客さんの行列ができています。香ばしく焼かれた肉を、とても薄くスライスしているので、みんなこの店の肉のクリスピーな食感が大好き。それをピリ辛のワカモレと和えてから、トルティーヤにくるりと巻いてサーブしてくれます。さらに、数種類あるサルサはどれもおいしいので、タコスにかけて味の変化を楽しんでみてください。

Ayuntamiento 21, Centro, Cuauhtémoc
https://www.elhuequito.mx
instagram.com/elhuequitomx/

手間ひまかけたラムのタコス

El Hidalguense
エル・イダルゲンセ

　古代メキシコから伝わる調理法に、地面に穴を掘って作った窯に焼けた石を入れて、肉をマゲイ（p.155）の大きな葉に包み、何時間もかけて蒸し焼きにする、バルバコアがあります。バルバコアした羊肉のタコスは毎週日曜のお楽しみ。手間も時間もかかるので、週末しか屋台がオープンしないのです。

　そんなタコス・デ・バルバコアをレストランでゆっくり味わえるのが、El Hidalguenseで、毎週金、土、日曜の3日間だけ営業しています。この店は羊の育て方にもこだわっているので、ともかく肉がおいしい。それだけではなく、チーズやトルティーヤに使われるマイス、野菜なども厳選しています。

　肉の量は500グラムからオーダーできて、トルティーヤと一緒に持ってきてもらいます。これを、自分でタコスにして食べるのですが、このタコスにぜひかけてほしいのがサルサ・ボラーチャ（酔っ払いのサルサ）。トマトと唐辛子ベースのサルサにプルケ（p.16、155）を加えたもので、肉のコクのある味が際立ちます。

　バルバコアでは、あらかじめ肉の下に水や野菜、ハーブの入った鍋を仕込んでおき、蒸し焼きしている間に滴る肉汁をぞんぶんに受け、コンソメスープも作ります。そのスープも忘れずにオーダーしましょう。

Campeche 155, Roma Sur, Cuauhtémoc
instagram.com/elhidalguense_restaurante/

15
空間が語りかけるレストラン

Mata Comedor Cantina
マタ・コメドール・カンティーナ

　賑やかなセントロ地区に居るのに疲れたら、このレストランでひと息つくことにしています。築300年以上の伯爵邸をリデザインしたここは、中庭には先住民文化をストリートアート調に仕上げた壁画があったり、ラテンアメリカ・タワーを望む木枠のガラス窓には、レトロなタイポグラフィーで店のロゴや宣伝文句が描かれていたり。時を超えたミックス感がいいのです。

　Mata Comedor Cantinaはメキシコのコメドール（食堂）やカンティーナ（居酒屋）でおなじみのメニューを、丁寧に料理し、洗練されたひと皿として楽しめる、それでいて気取りのない良心的な店です。私は友人や家族と食事をすることもありますが、時にはひとりで訪れて、タコスをつまみにグラスワインを嗜む時も。そんな時に座るのが、石のタイルに覆われたカウンターバー。邸宅だった当時の壁紙やレリーフを生かしてあって、素敵なのです。

　かすれた金箔に彩られた天井には、ぽっかり開いた丸天窓があり、それを囲むように天使のような子どもたちが佇む姿が描かれています。100年以上もそこにいる絵を、いつも吸い込まれるように見つめてしまうのです。

Mata Comedor Cantina
Filomeno Mata 18, Planta Alta, Centro, Cuauhtémoc
https://www.matacomedor.com
instagram.com/matacomedor/

16
地元の人たちが通う生鮮市場

Mercado
メルカド

　メキシコではスーパーマーケットとは別に、メルカドと呼ばれる生鮮食料品や日用雑貨などを扱う市場があります。たくさんの種類のチレ、焼きたてのトルティーヤ、揚げたてのチチャロン（p.51）、見たことのない果物や野菜など、市場はその国の食文化を映す鏡。屋台では日常的なローカルフードも楽しめます。

　メルカドはメキシコシティだけでも 300 ヶ所以上あるので、大体どこのエリアにもひとつはあるのですが、いざ探すと出会えなかったりするので、ここでは比較的行きやすい場所にある市場をふたつ紹介します。

　ひとつはセントロにあるサン・フアン・プヒベット市場。セレクトされた生鮮なグルメ食品があり、シェフも御用達。質がいいチレやモレ（p.102、155）などもあります。

　もうひとつはローマ地区にあるメディジン市場。こちらは通常の食品に加えて、中南米の食材も揃っている少し珍しい市場。

　ちなみに市場では、写真を嫌がる人も多いので、断りなく撮影するのはひかえましょう。

Mercado San Juan Pugibet（サン・フアン・プヒベット市場）
Ernesto Pugibet 21, Centro, Cuauhtémoc

Mercado Medellín（メディジン市場）
Campeche 101 Roma Sur, Cuauhtémoc

17
台所でおなじみのホウロウ製品

Almacenes Anfora
アルマセネス・アンフォラ

　ローカルの買い物客たちがひっきりなしに行き交う、セントロ地区の照明器具の店や工具の店が立ち並ぶその中に、食器や調理器具の店 Almacenes Anfora があります。この店は国内最大手の製陶メーカー Anfora（アンフォラ）の系列店で、食器やグラス類が驚くほど安く売られていることもあり、いつもお客さんたちでいっぱい。何か掘り出し物があるかな？と、つい立ち寄りたくなるのです。

　通路の両側にぎっしり並べられた商品の中には、トルティーヤの生地を作るアルミ製のプレス機、火山岩で作られたすり鉢のモルカヘテ、指先ほどの小さなステンレスのスプーン（女性たちはこれをビューラー代わりにして、まつ毛をくるっと巻きます）など、メキシコならではのアイテムも並んでいます。ほかでは見かけないキッチュな柄の食器があったりして、眺めているだけでも楽しい。

　そんな中でも、とりわけ目を引くのが、天井まで積み上げられたシンサ社のホウロウの台所用品。そのターコイズブルーのサイズ違いの鍋やフライパンは、メキシコの食堂や家庭で大活躍しています。私がメキシコに住み始めた 17 年前に、最初に買った台所用品も実はこのシリーズの鍋。初めて見た時に鍋にこんなかわいい色を使っているなんて、素敵だなと思ったものです。Almacenes Anfora は、お皿やマグカップ、スプーンといったシンサ社のほとんどの製品を揃えているので、ついつい全部ほしくなってしまいます。

Almacenes Anfora
Arenda 店 ：Arenda 18, Centro, Cuauhtémoc
López 店 ：López 50, Centro,Cuauhtémoc
https://www.almacenesanfora.com
instagram.com/almacenesanfora/

18
みんなに愛されている老舗のパステレリア

Pastelería Ideal
パステレリア・イデアル

　1927年創業のPastelería Idealは、いつ訪れても地元の人で賑わっています。パステレリアとは、スペイン語でケーキ屋を指しますが、ケーキだけでなくパンやクッキー、カラフルなゼリーなどのお菓子も売っていて、奥行きのある店内にぎっしり並ぶボリュームに圧倒されます。店に入ってまず目につくのは、大きなホールケーキやカラフルなゼリー。中へ進むと店の中央には菓子パンコーナー、左にはずらりとクッキーが並べられたショーケース。そして、その奥にはサンドイッチなどの惣菜パンコーナーと続きます。

　レジには、トレーにのせられた山盛りのパンを買う人々が列を作り、その横で店員さんがお客さんのパンをすばやく包装紙で包んでいきます。テキパキと無駄のないその動きは、惚れ惚れしてずっと眺めていたくなるような光景。

　青と赤2色で刷られたレトロなデザインの箱と、包装紙がとてもかわいくて、包んでほしさに毎度クッキーを買ってしまうほど。

　この買い方が少し複雑で、まずレジの近くのチケットエリアでクッキーボックスのチケットをもらい、先に支払いをすませます。その後、クッキーコーナーに並び、店員さんにチケットを渡すと箱詰めがスタート。あれこれと、ショーケース内を指差して好きなクッキーを選ぶと、箱いっぱいになるまで詰めてくれます。

　店から出る人々は、パンやケーキが入ったパーティーのような大きな包みを抱えていて、これが日常の風景なのかと思うと何だか幸せな気持ちになるのです。

Pastelería Ideal
16 de Septiembre 18,Centro, Cuauhtémoc
https://www.pasteleriaideal.com/
https://www.instagram.com/pasteleriaideal/

19
もう一度行きたくなるレストラン

Paradero Conocido
パラデロ・コノシード

　思い立った時によく訪れる小さなレストランが Paradero Conocido です。メキシコの伝統料理を、洗練された形で出すお店ですが、気どったところがまったくない。キッチンを囲んでカウンターがあるせいか、バルのような感じで入りやすいのです。食事だけでなく、コーヒーでひと息つきたい時や、お酒を飲みに来るだけでも利用できます。オーナーの女性ふたりのきめ細やかな心遣いが料理やサービスにも感じられて、ここに来ると安心するのです。

　肉や魚をメインにした料理にも野菜がたっぷりと添えてあるのも嬉しい。新鮮なフルーツを使った優しい甘さのデザートやカクテルもおすすめです。

　シウダデラ民芸品市場の近くなので、買い物に行ったらぜひ。

Paradero Conocido
Ayuntamiento 103-Local A,
Centro, Cuauhtémoc
instagram.com/paradero_conocido/

20
おなかも心も満たす伝統のスープ

Pozole
ポソレ

　何世紀にもわたり、メキシコの人たちのおなかを満たしてきたスープ料理がポソレ。豚の頭からスープをとって、大きめの白くてもっちりしたマイス・ポソレロを肉と煮込んだものです。赤色や白色のスープに、ラディッシュやレタスをトッピングするハリスコ州スタイルのポソレが一般的で、家庭でもよく作られています。

　私のお気に入りは、ゲレロ州のポソレ・ベルデ（緑のポソレ）ですが、メキシコシティではあまり見かけないそのスープを食べるなら、Restaurante Teoixtla がおすすめです。

　かぼちゃの種や青唐辛子、グリーントマトをペースト状にしたものがスープに混ぜてあって、初めて食べた時に、その滋味深さに驚きました。玉ねぎと香草、そしてレモンを搾るだけのトッピングが基本だけど、追加でアボカドとクランキーなチチャロン（豚皮揚げ）ものせると旨みが倍に。体に染み入るとつくづく思うのです。

Restaurante Teoixtla
レスタウランテ・テオイクストラ

Zacatecas 59, Roma Norte, Cuauhtémoc
https://c9a9a9d1.multiscreensite.com/

21
クラシカルな時間が流れる店

Café de Tacuba
カフェ・デ・タクーバ

　17世紀に造られた大きな建物には不釣り合いなくらい小さな木の扉をくぐると、そこはまるで別世界。高い天井の室内の白い壁には、あちらこちらに植物の絵が描かれていて、青や黄色のタラベラ焼きのタイルで覆われています。窓には色とりどりの花のステンドグラスがあり、シャンデリアの灯りが反射していて、店内のお客さんたちのテーブルの合間を忙しそうに笑顔で行き交う給仕の女性たちの頭には、真っ白い大きなリボン。

　100年以上続くメキシコ料理のレストランCafé de Tacubaは、ディエゴ・リベラが最初の妻と結婚披露宴をしたお店。そう言うと敷居が高そうですが、ふだん着感覚で立ち寄れるのが、この街で愛される理由なのでしょう。創業当時からの優雅さを守り続けていながら温かいのです。

　人々が楽しそうに談話する声の間をぬって、楽団の麗しい生演奏が聴こえてきます。エンチラーダスのような定番料理を食べながら、この店のクラシカルな雰囲気をゆったりと愉しむのが好きです。

　また、焼きたてのパンにはバターが惜しみなく使われていておいしい。菓子パンが盛られたトレイを持った給仕が回ってくるので、そこから好きなパンを選べます。とくにコンチャ（p.68）がおすすめなので、チョコラテと一緒にぜひ味わってください。

Café de Tacuba
Tacuba 28, Centro, Cuauhtémoc
https://cafedetacuba.mx
instagram.com/cafedetacubarestaurante/

22
歴史地区の真ん中でおいしいシーフードを

Caracol de Mar
カラコル・デ・マール

　メキシコシティのソカロ広場周辺は、もともとアステカ帝国の古代遺跡の石材を再利用して、16～19世紀頃に造られたヨーロッパ風の建築が多く並んでいる界隈。その多くが、ホテルや洒落た雑貨やウェアのショップが集まるモールなどにリノベーションされて、現役です。人気シーフードレストラン、Contramar（コントラマール）が、観光客で賑わうこの地区にオープンさせた支店、Caracol de Marが入っているのも、そんなリノベ建築のひとつ。中に足を踏み入れると、表通りの喧騒はどこへやら、緑いっぱいの中庭と静寂が広がっています。

　Contramarではメキシコのモダンなシーフードを提供していますが、ここCaracol de Marはフュージョンがテーマ。シェフがシーフード料理の宝庫、ペルー出身なので、マイスの粒や小さく切ったさつまいもが散らされたセビーチェなど、新鮮な素材にハーブやアジアにルーツを持つシーズニングを巧みに使った魚介料理は、ほかのシーフード店とはひと味違うおいしさです。

　さて、このCaracol de Marを訪れたなら、ぜひ試していただきたいのがコントラマールのシグニチャーでもある「ペスカド・アラ・タジャ」。その日に獲れた魚を開き、バターをたっぷり添えて炭火焼きし、赤くて辛いチレソースと緑色のフレッシュハーブのソースをかけたもの。見た目にも迫力満点のこのひと皿が、テーブルに運ばれてきたら、ぜひとも熱々のうちに。

Caracol de Mar
República de Guatemala 20,
Centro, Cuauhtémoc
https://caracoldemar.com.mx
instagram.com/caracoldemarcdmx/

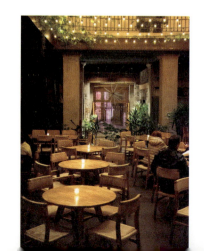

23
一度は食べたいチュロス

El Moro
エル・モロ

　El Moro はメキシコシティに数店舗あるチュロス屋さん。スペイン人のオーナーが 1935 年、セントロ店をオープンして以来、今ではこの店のチュロスはメキシコの定番のお菓子になっています。

　その 1 号店は、家具やタイルの壁などレトロな雰囲気が残っていて、店員さんの制服もとてもチャーミング。対照的にほかの店舗は、白と青を基調としたインテリアが印象的で、洗練されてます。ロゴやチュロスのイラストが入ったオリジナルのマグカップやトートバッグもかわいい。

　揚げたてのチュロスはトレーの上にぐるりと重ねてあり、とてもいい香り。ひと口頬張ると、思っていたよりも甘さは控えめで、サクッと軽くておいしい！

　一緒にホットチョコレートを頼むのが定番ですが、コーヒーやミルクと合わせても。ほかにもモリートスという小さいサイズのチュロスにディップをつけて食べたり、丸く揚げたチュロスにアイスを挟んだものなど、新しいチュロスの食べ方に出会えます。ちなみに 1 本から注文できて、食べきれなければ、紙袋をもらって持ち帰ることも。

　メキシコに来たら一度は食べてみたいお菓子のひとつです。

El Moro Centro Histórico
Eje Central Lázaro Cárdenas 42, Centro, Cuauhtémoc
https://elmoro.mx/historia/

24
メキシコ名物、ファニーなくす玉

Piñata
ピニャータ

　メキシコのどんな市場に行っても、天井からぶら下がっているカラフルな張り子が売られている店を見かけるでしょう（p.41）。動物や有名キャラクターをかたどったものなど、様々な形の張り子が並んでいます。手作りでどれひとつとして同じものはないし、独特な味わいがある。人形のようにも見えるけれど、これは、ピニャータと呼ばれるくす玉なのです。

　イエス生誕前を祝うクリスマス行事ポサダや子どもの誕生会にもよく使われていて、空洞になっている中にお菓子やフルーツ、小銭を入れます。それを中庭につり下げて、子どもたちが順番に目隠しをして思いきり叩いていきます。かわいいピニャータが叩かれて無残な姿になっていくのですが、それが割れて中身が飛び散ると、子どもたちは一斉にごほうび目掛けて飛びつきます。童心に返った大人たちも、ワクワクしています。

25
青空に似合うパペル・ピカド

Papel Picado
パペル・ピカド

　街のどこかをいつも彩っているカラフルな切り紙のオーナメント。パペル・ピカドと呼ばれ、メキシコのお祝い事の飾り付けに欠かせないものです。独立記念日には国旗の赤、白、緑色、死者の日にはガイコツ柄など、様々な種類があって、飾ってあるだけでお祭りムードが高まります。

　このパペル・ピカド、樹皮で作られて、古代の神の祭壇に飾られていたものを由来としているのですが、今はシフォン紙やビニールを使い、かなりポップな印象。50枚ほど重ねた紙を、たがね、のみ、ハンマーを使って、抜き切りながら柄を作りあげていくのです。

　そんな丁寧に作られた愛らしいパペル・ピカドは、人々の喜びを表しているかのよう。青空の下ではためく姿は、メキシコの原風景と言えるものでしょう。

26
光と色に住まう、ルイス・バラガン建築の家

Casa Pedregal
カサ・ペドレガル

　メキシコシティの南は、2000年以上前に噴火した火山の溶岩に覆われ、長らく手付かずの土地でした。そんな自然の造形を生かした景観建築にチャレンジしたのが、建築家のルイス・バラガンとマックス・セット。彼らのプロジェクトは高級住宅街、"ペドレガル（岩がちの場所）"地区を生み、バラガンが友人のために3年の歳月をかけて造った家が、Casa Pedregal として公開されています。

　その家の中に入ると、火山岩敷きのエントランスには、ひんやりとした空気が漂い、身が引き締まる感覚に。そのまま進んでいくと、大きな窓からさんさんと光が差し込む、天井の高いリビングやダイニングがあります。影の入り具合をつぶさに計算し、室内の雰囲気の移り変わりを愉しめる空間に身を置くと、バラガンが"光の魔術師"とうたわれるのにも納得です。

　部屋ごとにピンクやベージュに塗り分けられた建物内には、バラガン自身の手によるチェストや、バウハウス出身のデザイナーたちの椅子や照明がちりばめら

れ、さらに吹きガラスの球体の数々や、花の形のオブジェのような工芸品といったデコレーションが、モダンな空間のアクセントとなっています。

　もとの住み手が改築を繰り返してしまったのを、現在のオーナーのセサル・セルバンテス氏が10年かけて建設当初の状態を忠実に再現したとか。70年以上経っている家とは思えないほど、斬新に見えます。

　ここ Casa Pedregal は、40代のバラガンが成功させた都市計画の証しとして興味深いものですが、バラガン建築と言えば、「スタジオと自邸」や「ヒラルディ邸」も必見です。見学には事前に予約が必要ですので、ご注意を。

Casa Pedregal
Av. de Las Fuentes 180-B, Jardines del Pedregal, Álvaro Obregón
予約：visitas@casapedregal.com
🅞 instagram.com/casa_pedregal/

27
溶岩の上でグルメや買い物を楽しむ

Tetetlán
テテトラン

　Casa Pedregal（p.60）の敷地内にある厩舎は、文化センター Tetetlán にリノベーションされています。ここに行ったらぜひ寄りたいのがレストランで、ガラス張りの高い天井やオープンキッチンが開放的な、気持ちのいい空間。床の一部がガラス張りなので、ペドレガル地区特有のゴツゴツとした溶岩が透けて見えます。近未来的なデザインの建築が、天然染色の毛糸、ハンマーで打ち起こした銅のランプシェード、たくさんのかごなどで彩られていて、そのコントラストが絶妙。

　Tetetlán は料理も素敵です。モダンにアレンジされた美しいメキシコ料理を、火山岩で作られた食器や土の感触を残した堅焼きの陶器でサーブするのが、ありきたりでなくていい。レストランの奥には小さな部屋があって、ここで使われているのと同じ陶器がたくさん販売されているので、覗いてみてください。メキシコシティではなかなか手に入らないものだけに貴重です。

　建物の入口には、カフェやジュースのスタンド、セレクト・ショップがあります。そこでは、メキシコ各地の伝統的なテキスタイルを使った服や、先住民ウィチョールの人々のレザー・サンダル、上質なナチュールワインやメスカルなども売っています。大切な人へのプレゼントや自分用に買い物したくなります。

Tetetlán
Av. de Las Fuentes 180-B, Jardines del Pedregal, Álvaro Obregón
instagram.com/tetetlan

28
みんな大好き、甘いパン

Pan Dulce
パン・ドゥルセ

　メキシコの主食はトルティーヤですが、パンもみんなの大好物。とくに菓子パンは、朝食やおやつにはもちろん、夕食の食卓にものぼります。そんなわけで、パン屋さんの店頭に並んでいるのは、ほとんどが甘いパンなのです。

　コンチャ（写真**1**）という貝殻形の、ほろっと崩れるようなビスケット生地でコーティングされているパンは、日本のメロンパンのモデルになったとか。

　家族と過ごす大切な行事の日にもパンを食べます。10月31日から11月2日までの"死者の日"の祭壇に供えられるパン・デ・ムエルト（写真**2**）や、1月6日のイエスの生誕を最初に祝福した"東方の三賢者"の日に、みんなで切り分けて食べる、大きな輪っかパン、ロスカ・デ・レイエス（写真**3**）など。

　メキシコでは人々の生活にいつも寄り添うように甘いパンがあるのです。

29
洗練されたクラフトを見つけに

Onora
オノラ

　ウィンドーショッピングが楽しいハイソな雰囲気のポランコ地区に、メキシコの"ちょっといいもの"を探しに訪れたいお店があります。
　Onora は、メキシコ全土の職人とコラボレーションしたオリジナルのアイテムや、アーティストの作品を取り扱っていて、そのすべてが少量生産で手作りされたもの。お店に並ぶひとつひとつに職人の技と物語があり、購入するとその商品の背景が書かれたカードを添えてくれます。
　オアハカの陶器、ミチョアカンの銅製品、ベラクルスの織物、チアパスの刺繍など、インテリア用品や生活雑貨、衣服やアクセサリーの数々。
　私はハリスコ州の、少し青みがあり、気泡のはいったガラス製品が好きで、写真のコップ付きの水差しもひとめぼれで買ったもの。ガラスが厚くて、とても丈夫。無骨なデザインで、決して注ぎやすくはないのですが、コロンと丸みをおびた姿がなんとも愛らしくて、お気に入りです。

Onora
Lope de Vega 330, Polanco,
Polanco V Secc, Miguel Hidalgo
instagram.com/onoracasa/

30
昼と夜の顔を持つガストロノミー

Ticuchi
ティクチ

　世界的に知られるモダン・メキシカンのレストラン Pujol（プジョル）の姉妹店が、Ticuchi です。通りに面したスタンドは昼だけ営業していて、タマレスやケサディーヤなどの軽食を食べられるのです。野菜中心の料理が多く、在来種やオーガニックな食材にこだわっています。Pujol は敷居が高いのですが、ここはカジュアル。ぶらっと訪れることができるのが嬉しい。

　夜はバーになり、6 時の開店とともに、席が埋まるほど人気です。おしゃれなカップルが多くて、デートに利用されているよう。控えめの照明や黒で統一されたインテリアの中で、まず目に入るのが天窓です。上から当てられている照明とグリーンが、まるで洞窟に空いた穴から光がこぼれているのを覗いているかのように幻想的。

　おつまみには Pujol のシグニチャーのモレ・マドレを彷彿させる、モレにニンジンのローストが添えられたひと皿があります。タマレスやタコスなど何品か頼むのがおすすめです。数十種類あるメスカルのメニューも圧巻ですが、カクテルには、珍しいフルーツや儀式で使う香木のパロ・サントを使ったものまであって、いろいろ試してみたくなります。

　クールなメキシコシティを感じられる場所です。ホームページから予約を。

Ticuchi
Petrarca 254, Polanco, Miguel Hidalgo
https://ticuchi.mx/
instagram.com/laventanadelticuchi/
instagram.com/ticuchi.mx/

31
現代美術を楽しもう

Kurimanzutto
クリマンスット

　Kurimanzuttoは、メキシコシティとニューヨークの2拠点で、国内外の新進気鋭なアーティストの展示を行っている、メキシコでも有名な現代アートギャラリーです。もともと古い製材所だった建物を、バスコンセロス図書館（p.82）を手掛けた建築家アルベルト・カラチ氏が再設計、リノベーションした美しい空間。天窓から差し込む光で作品を鑑賞できるのは、このギャラリーならでは。

　入口の重厚な木の扉を入ると、すぐ横に作品集などが並ぶ本屋があり、奥に進むとギャラリーがあります。展示替えで閉館していたり、ブックフェアなどイベントが開催されている時もあるので、訪れる時はHPで情報をチェックしてみてください。

　ギャラリーの付近には、ルイス・バラガン建築のヒラルディ邸（見学は数ヶ月前から予約が必要）や、チャプルテペック公園内にある国立人類学博物館やルフィーノ・タマヨ美術館などもあるエリアなので、アートや建築にどっぷりと浸る一日を過ごすのもおすすめです。

Kurimanzutto
Gobernador Rafael Rebollar 94,
San Miguel Chapultepec I Secc, Miguel Hidalgo
https://www.kurimanzutto.com
instagram.com/kurimanzutto/

32
秘密にしておきたいレストラン

Tierra Adentro Cocina
ティエラ・アデントロ・コシナ

　メキシコシティ南の住宅街の真ん中に、できれば秘密にしておきたいお店があります。それが Tierra Adentro Cocina です。メキシコ全土の食を追求したオーナーのマネさんらしく、この店のメニューは各地の郷土料理なのですが、そのプレゼンテーションには目を見張るものがあります。

　ユカタン州の料理ソパ・デ・リマ（リマという柑橘が入ったチキンスープ）は、本来トッピングされるトルティーヤチップスやハーブなどがあらかじめ器に入れてあり、ピッチャーのスープを自分で注ぎ、ローストしたリマを搾っていただくひと皿。

　ハリスコ州の屋台料理で、サンドイッチがソースに漬かったトルタ・アオガーダも、豚のコンフィをカリカリに焼いたものをパンに挟み、上品なトマトソースで仕上げています。

　モレ（p.102）を使った料理もいくつかあるのですが、深くて絶妙な味。デザートのグアバ味のタマレスもおいしいし、何を食べてもハズレがない。

　こんな非の打ちどころのない料理を出す店が、なじみの食堂のようなさりげなさでお客さんたちに愛されているのが、素晴らしいと思うのです。

Tierra Adentro Cocina
Av. Nevado 112, Portales Sur, Benito Juárez
instagram.com/tierraadentro.cocina/

33
伝説の夫婦が暮らした家

Museo Casa Estudio Diego Rivera y Frida Kahlo
ムセオ・カサ・エストゥディオ・ディエゴ・リベラ・イ・フリーダ・カーロ

　柱サボテンの垣根に取り囲まれたル・コルビジェ風のモダン建築は、かつてディエゴ・リベラとフリーダ・カーロが住んでいた住居兼スタジオで、現在はミュージアムになっています。

　その敷地内には、リベラの依頼により、友人のアーティストのフアン・オゴルマンが手がけた３つの建物があります。カーロの青い家、のこぎり屋根のあるリベラの赤い家、宙に浮くような螺旋階段があるオゴルマンの小さな家です。

　リベラの家とカーロの家は、３階にある小さな橋で行き来できるようになっています。夫婦があえて別の建物に住むのは、1930年代にはさぞ斬新だったことでしょう。

　簡素なカーロの家と比べて、リベラの家のスタジオは、大きな窓から緑が見えて光がたっぷり入る広々とした空間。ガイコツやモンスターの形の張り子といった民芸品や、古代の土器があちこちに飾られていて、ミニマルな建物の中にメキシコのフォークロアをうまく組み合わせているのを見ると、リベラはまさにモダン・メキシカンの先駆者だったと実感します。絵の具がそのまま残ったパレットなどの画材やイーゼルが置かれていて、まるで今でもリベラが居るかのよう。

　数々の名画がここで生まれたかと思うと、感慨深いものがあります。車で10分ほどのフリーダ・カーロ博物館（要予約）とともにおすすめです。

[ほかにもリベラの壁画が見られるおすすめの場所]
・Museo del Cárcamo de Dolores（カルカモ・デ・ドローレス博物館）
・Palacio de Bellas Artes（ベジャス・アルテス宮殿）
・Secretaría de Educación Pública（教育省）

Museo Casa Estudio Diego Rivera y Frida Kahlo
Diego Rivera s/n, San Ángel Inn, Álvaro Obregón
https://inba.gob.mx/recinto/51
instagram.com/museoestudiodiegorivera/

34
空中に浮かぶ本棚、バスコンセロス図書館

Biblioteca Vasconcelos
ビブリオテカ・バスコンセロス

　騒々しい目抜き通りの一角に、ガラスとメタルで組まれた、巨大な温室のような建物があります。その中に足を踏み入れて、目の当たりにするのは、無数の本棚が建物の天井を突き抜けそうに浮かび上がる光景。

　まるで SF 映画のワンシーンを見ているかのようですが、これが公共の図書館というのにびっくり。

　建築家アルベルト・カラチが設計し、吹き抜け部分には、美術家のガブリエル・オロスコによる架空の恐竜の骨標本オブジェが鎮座。現代メキシコを代表する 2 大巨匠が競演し、建物じたいがアート作品みたい。

　無機質な建材を組み合わせているのにもかかわらず、冷たい印象はなく、有機的なのは、ガラス越しに見える付属の植物園の景色のせいもあるけれど、何よりも、国籍もルーツも肩書きも問わず、誰でも利用できる懐の大きさがあるから。もちろん地元の人たちの憩いの場でもあります。

　書物、オーディオ、映像など約 60 万点に及ぶアーカイブを所蔵。

　先スペイン期から現代までの歴史の記録が、ここに詰まっているのだから、メキシコの脳内を覗いているような気分になります。

Biblioteca Vasconcelos
Eje 1 Nte. S/N, Buenavista, Cuauhtémoc
instagram.com/bibliotecavasconcelos/

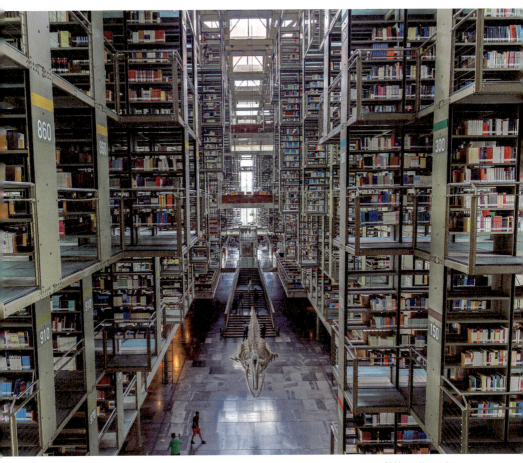

©Biblioteca Vasconcelos

35
街を見守る褐色のマリア

Virgen de la Guadalupe
ビルヘン・デ・ラ・グアダルーペ

　メキシコの街では、褐色のマリア像が祀られた祭壇をよく見かけます。路地裏、食堂、市場、駅など、気がつくと当たり前のように在るのです。花が供えてあったり、カラフルに彩られていたり、ディスコみたいに電飾が光っているものもあり、バラエティに富んでいます。そんな祭壇を散策の合間に探すのも楽しいものです。

　このマリアは、Virgen de la Guadalupe（グアダルーペの聖母）と呼ばれるメキシコの守護聖母。西洋のマリアとは異なり、その肌が褐色なのは、国民の過半数が先住民とスペイン人の混血であるメキシコを象徴しているから。親しみを込めてルピータという愛称で呼ばれることもあります。

　この国では母親が一家の中心で、父の日よりも母の日の方が盛大に祝われますが、それもグアダルーペの聖母信仰と関連があるのかもしれません。聞くところによると、無断でゴミを捨てられて困る場所に、聖母の絵を描いたり、祭壇を作ると、畏れ多いのでゴミが捨てられなくなるとか。

　メキシコシティにはグアダルーペの聖母の総本山の寺院があり、国内全土からはもちろん、メキシコ系移民の多いアメリカからも参拝者がやってきます。聖母のグッズもありとあらゆるものが売られていて、まるで国民的スター。彼女がどれだけ愛されているかが、よくわかります。

36
人生とともにあるダンスと音楽

Salón Los Ángeles
サロン・ロス・アンヘルス

　メキシコシティに住み始めて間もない頃に、友人の母親のラウラが、「毎週踊りに行く場所があるの」と、ダンスホールの Salón Los Ángeles に誘ってくれました。私は踊れなかったので戸惑いつつも彼女の熱烈な誘いで行くことにしたのです。

　レトロな建物の入口には「Salón Los Ángeles を知らないものはメキシコを知らない」という大げさにも聞こえるフレーズが記された看板があります。それを横目に見ながら、窓口でチケットを買って中へ入っていくと、ミラーボールがきらめく板張りのホールが広がっているのです。まるで1950年代の映画のワンシーンのよう！　ステージの上では、ベテランのビッグバンドが軽快なラテン音楽を奏でていて、それに合わせてホールにはペアで優雅に踊る人たち。中にはかなり高齢の方もいるようす。しかも、誰もが頭からつま先までおしゃれをしているの

Salón Los Ángeles
Lerdo 206,Guerrero,Cuauhtémoc
http://salonlosangeles.mx/
instagram.com/salonlosangeles/

です。ラウラもドレスで着飾っていて、顔なじみの紳士たちと楽しそうに踊っています。彼らの上品さや、ステップの華麗さに圧倒されました。

　それ以来、ここは私の大好きな場所のひとつ。踊っている人たちを眺めているだけでエネルギーをもらえます。そして、今では恥ずかしがらずに踊れるようになりました。

　このダンスホールはキューバと深い関わりがあり、マンボの王様ペレス・プラードやサルサ歌手のセリア・クルスらが、アメリカで成功する前に修行した伝説の場所でもあります。メキシコはラテンアメリカ全域から音楽が集まる場所であり、その豊かなリズムが人々の生活に息づいています。

　ダンスホールで晴れの姿を披露するために、公園で踊りの練習をしている人たちをよく見かけます。私もいつか、かっこよく踊れたらと密かに思っています。

37
情熱的かつクール、メキシコ壁画運動

Sala de Arte Público Siqueiros
サラ・デ・アルテ・ププリコ・シケイロス

　岡本太郎も影響されたメキシコ壁画運動の主要人物、ダビッド・アルファロ・シケイロス。そのメッセージやアートを後世に継承するため、自宅と制作スタジオだった場所を公共スペースとしたのが、Sala de Arte Público Siqueiros です。

　シケイロスの死後は、作品アーカイブや資料を所蔵し、現代アートの展覧会やワークショップを行う拠点として活動を続けてきました。ここでは、社会に問題を提起する展示が多く、いつ訪れても刺激を与えられます。

　シケイロスの壁画は、革命や人権、政治など、社会的な問題意識を主題にしたものが多いのですが、幾何学的な線の交差がクールで、今見てもすごくかっこいいのです。ここにもそんな壁画がいくつか残されていて、1950年代の建築のミニマルさと相まって独特な空間を作っています。

　シケイロスの壁画は、国立芸術院、チャプルテペック城など、メキシコシティの様々な場所にありますが、このスペースでは住宅のような建物の中に壁画があるのが特別な感じ。まるでシケイロスの制作現場を覗いているかのような気分になります。

[ほかにもシケイロスの壁画が見られるおすすめの場所]
・Museo Nacional de Historia, Castillo de Chapultepec（チャプルテペック城／歴史博物館）
・Universidad Nacional Autónoma de México（メキシコ国立自治大学の中央キャンパス）
・Polyforum Cultural Siqueiros（シケイロス文化ポリフォルム）

Sala de Arte Público Siqueiros
Tres Picos 29, Polanco, Polanco V Secc,
Miguel Hidalgo
https://saps-latallera.org

38
週末は森の中の文化センターに！

Complejo Cultural Los Pinos
コンプレホ・クルトゥラル・ロス・ピノス

　チャプルテペックの森の中にある歴代大統領の邸宅だった広大な敷地は、今では誰もが気軽に訪れることができる文化センターになっています。
　この場所では、入場無料の展覧会、コンサートの開催はもちろん、メキシコのマイスの歴史や食文化がわかる博物館 Cencalli（センカリ）もあって、見どころがたくさん。そして、いいお土産を買うのにもぴったりな場所なのです。
　ショップでは、原種のマイスの乾燥粒を買えるだけでなく、チョコラテやバニラ、チレなどの食材やマイスを原料に使った化粧品などを揃えています。
　隣にある Fonart Los Pinos（フォナルト・ロス・ピノス）は、上質な民芸品を適正価格で販売する公営のショップ。2階建ての店内には国内各地から選りすぐられた民芸品が並んでいて、とくに陶器やテキスタイルの品揃えが豊富です。
　さらに毎週土、日曜日、この文化センターでは Mercado El Solar（ソラール市場）というメキシコシティ近郊の生産者たちが集まるバザールが開催されます。
　Cencalli の横では、チーズ、サルサ、蜂蜜、トルティーヤ、ハーブや野菜など様々な食品の店が出て、さらに奥の広場のほうに進むと、炭火で焼いた肉やお惣菜のタコス、新鮮なチーズや野草を使ったケサディーヤ、珍しいモレの入ったタマレス、フルーツたっぷりのアイスやジュースなど、おいしそうなものを売る屋台がずらりと並んでいるのです。トルティーヤは、もちろん手作り。しかも手頃な価格で、グルメなフルコースが揃います。
　芝生の広場では犬と戯れる人たちや、凧揚げをしている親子もいて、ここがかつて大統領の邸宅だったなんて信じられないほどののどかさ。それを眺めながらベンチで極上タコスを頬張るのは至福の時間です。

Complejo Cultural Los Pinos
Av. Parque Lira S/N, Bosque de Chapultepec
I Secc, Miguel Hidalgo

Tienda Cencalli

Fonart Los Pinos

Mercado El Solar

*Mercado El Solar の開催スケジュールは Cencalli のインスタグラムで最新情報を確認してください。
 instagram.com/cencallicultura/

メキシコシティからショートトリップ

PUEBLA
プエブラ

メキシコシティから長距離バスで約2時間半。
プエブラの歴史地区は、世界遺産にも登録さ
れ、メキシカン・バロック様式の教会、歴史
的な建造物やカラフルな街並みが有名。また
メキシコ料理の発祥の地といわれています。
タラベラ焼きは伝統的な民芸で、陶器の街と
しても知られています。
＊長距離バスについては P.154 参照

39
メキシカン・バロックの教会めぐり

Cholula
チョルーラ

　プエブラから車で 30 分ほどの小さな町チョルーラは、メキシコで最も教会が多い場所。その数はなんと 365、歩くたびに教会に出くわすほど。

　街の中心部の丘の上には、ランドマークにもなっている黄色い教会 Santuario de la Virgen de los Remedios があります。丘のように見えるのが、実は世界最大級のピラミッドで、スペイン人たちがあえてその上に教会を建てたのです。

　ほとんどの教会は先住民が建設を担ったこともあり、バロック様式を目指しながらも、装飾が型破りだったり、古代のモチーフを取り入れていてユニーク。そんな特徴が最も表れている教会が、チョルーラの中心部から少しはずれたところにふたつあります。

　ひとつは、教会の壁面がカラフルなタラベラ焼きのタイルで覆い尽くされている San Francisco Acatepec。その内部は金のレリーフで彩られた豪華な空間なのですが、無数の天使の顔がいたるところにあって、見つめられているようでどっきりします。

　もうひとつは、Santa María Tonantzintla。ここは祭壇を取り囲むように天井まで造り込まれたレリーフが圧巻です。先住民の神のように羽毛の冠を被っている天使や、マイス、チレ、サボテンなど無数の野菜や果物や動物の、大地信仰を思わせるモチーフが内部を彩っています。

　ふたつの教会の内部は、携帯であっても撮影禁止なのが残念ですが、そのすごさは行ってからのお楽しみ！

1_Santuario de la Virgen de Los Remedios
（サントゥアリオ・デ・ラ・ビルヘン・デ・ロス・レメディオス）
Ferrocarril, San Miguel,
Zona Arqueológica San Andrés Cholula
www.facebook.com/santuarioremedioscholula/

2_San Francisco Acatepec
（サン・フランシスコ・アカテペック）
Puebla 6, La Purísima, San Francisco Acatepec,
San Andrés Cholula

3_Santa María Tonantzintla
（サンタ・マリア・トナンツィントラ）
Avenida M. Hidalgo o, San Diego,
Sta María Tonanzintla, San Andrés Cholula

1

2

3

40
タラベラ焼きに囲まれてのんびり過ごす

Casareyna
カサレイナ

　プエブラに行ったら泊まりたいのがこのホテル。のんびり過ごすためにわざわざ立ち寄りたいと思うほど居心地がいいのです。
　オーナーがプエブラの伝統的な陶芸であるタラベラ焼きの工房を営んでいるので、廊下や部屋のあちらこちらにオリジナルの陶器が使われています。中庭を囲むようにレストランやショップ、ギャラリーが併設されていて、部屋は天井も高く、部屋数も多くないのでそれぞれゆったりと配置されています。
　その中でもおすすめは、メキシコでは珍しいバスタブ付きの部屋。日中街を歩き回ってヘトヘトになっても、ゆっくりとお風呂に入れるとほっとします。
　1階のレストランは、プエブラのおいしい伝統料理が食べられると評判なので、あまり外に出かけず食事はホテルでとったり、ルームサービスにすることも。館内にはプールやスパもあって、屋上からの眺めも気持ちがいい。
　旅行となるとついついあれこれ詰め込みたくなりますが、ここではリゾート気分でのんびりとホテルで過ごしたくなります。
　ちなみにオーナーの工房は車で20分ほど離れた場所にあり、予約をすれば見学や体験もできます。カラフルなタラベラ焼きが多い中、この工房の陶器は派手すぎず、図柄もモダン。日本の暮らしにもとけ込みやすいデザインです。
　廊下に置かれているピンクのワイヤーの椅子は、メキシコでたびたび見かけるアカプルコ・チェア。ここでコーヒーを飲んだり、本を読んだり、中庭を眺めながらぼんやり過ごすのもまたいい時間です。

Casareyna
Privada 2 Ote.1007, Centro,
Puebla de Zaragoza
https://www.casareyna.com/es/

41
メキシコ料理といえば、モレ！

Mole
モレ

　トマトや玉ねぎ、チレといったサルサの材料に加えて、ナッツ、種、スパイス、レーズン、とろみ付けのためのトルティーヤ、ラード、そしてチョコラテが入ったソース、それがモレです。材料をペースト状にしたものにチキンスープを加えて煮込んだこのソースは、調理した肉にかけていただきます。味付きライスが添えられていることが多いので、カレーライスのようにも見えますが、それをトルティーヤに包んで食べるのです。

　メキシコには各地、各家庭で異なるモレがあり、その材料や作り方も様々。チョコラテが入らないモレもあります。例えば、かぼちゃの種を使う緑色のモレ・ベルデ、オアハカ州の黄色のアマリージョなどがそうです。また、オアハカ州にはチレを灰になるまで焦がして作る黒いモレ・ネグロもあったりします。

　はっきりしているのは、甘さと辛さ、スパイスのバランスがとれた深い味でなければならないということ。難しくて手間がかかるからこそ、死者の日、結婚式などの大切な日に欠かせません。

　そもそもモレは、プエブラの修道女たちが、先住民の伝統と外来の食文化を融合させて生み出したもの。それはモレ・ポブラーノと呼ばれていて、すべてのモレの中の基本となっています。

　伝統的なモレを食べるなら、チョルーラのホテル Villas Arqueológicas Cholula のレストランがおすすめ。ここは、遺跡発掘作業をしていた考古学者たちの宿泊施設をリノベーションした由緒あるホテルです。

Villas Arqueológicas Cholula
C. 2 Pte. 601, San Miguel, Centro, San Andrés Cholula
https://www.villascholula.com/
instagram.com/hotel_villas_arqueologicas/

42
伝統的なレシピで作る美しい郷土菓子店
Priesca-del Fogón a la Boca
プリエスカ・デル・フォゴン・ア・ラ・ボカ

　街の中心部の修道院だった建物の一角に、料理研究家でプエブラの食の歴史家でもあるアントニオ・ラミレス・プリエスカさんが、建築家のアルフォンソ・ボニージャ・ラミレスさんと共同経営する菓子店があります。
　こぢんまりとした扉から中に入ると、たくさんのろうそくや植物、吹きガラスのオブジェなどが並び、ショーケースには200年以上前のタラベラ焼きの貴重なコレクションが飾られています。そんな素敵な空間に、いろいろなお菓子がきれいにディスプレーされていて、まるでお店じたいがアート作品のよう。
　アントニオさんは1864年から先祖代々受け継がれているレシピを再現するために2002年よりこの店を始めたというから驚きます。
　かぼちゃの種の中身をマジパンにして、甘く煮たオレンジの皮に詰めたナランハ・コンフィターダ・レジェーナ・デ・マサパンを売っているのはプエブラ中を探してもここだけだとか。素朴だけどさわやかで、印象的な味です。グアバの果肉と蜂蜜を煮詰め、ココナッツを隠し味にしたロール状の練り菓子や、ブラウンシュガー味のクッキーなどは、ほかのプエブラのお土産屋でも見かけますが、この店のものは甘さ控えめで、素材の味を生かし、時間をかけて丁寧に作っているのが伝わります。アントニオさんのお菓子には、パンをプルケで発酵させるなど、先住民の食文化が取り入れられているそう。この店のお菓子にはメキシコの長い歴史が詰まっていると思うと、大切に味わいたくなります。

Priesca–del Fogón a la Boca
Av. 9 Pte. 102 A, Centro,
Puebla de Zaragoza
instagram.com/priesca2022/

43
美しいアンティークショップに寄る

La Quinta de San Antonio
ラ・キンタ・デ・サン・アントニオ

　古いタラベラ焼きの器がないか探していて、たまたま見つけたのが La Quinta de San Antonio です。通りすがりにディスプレイが目に入り、何か素敵な出会いがあるに違いないと思ったのです。

　実はこの店は p104 で紹介した Priesca-del Fogón a la Boca の姉妹店。おふたりはプエブラの古いタラベラ焼きのコレクターなので、ここは目利きの店主たちが選んだ、少し高価ですが状態のいいアンティークの器、家具、メキシコの民芸品や、デコレーション用の雑貨で埋めつくされています。中には歴史的に貴重なものも（非売品ですが）。アンティークの世界に長く従事してきたオーナーたちの審美眼で集められた器はまるで宝物のようで、プエブラを訪れたら必ず寄りたいお店のひとつになりました。

©La Quinta de San Antonio

La Quinta de San Antonio
7 Ote. 10 Centro,
Puebla de Zaragoza
instagram.com/
la_quinta_de_san_antonio/

44
プエブラのストリートフード

Chalupas, Cemitas, Molotes, Tacos Árabes
チャルーパス、セミータス、モローテス、タコス・アラベス

　プエブラは「メキシコの伝統料理の聖地」と言われていますが、街に住む人たちが日々おなかを満たすストリートフードにも食の豊かさが見られます。市場の一角、路上のリヤカーなどなど、街のあちこちにお店が出ているから、どこで食べようか目移りしてしまうのですが、ここでは代表的なストリートフードを4つ紹介しましょう。

　チャルーパス（写真1）は、揚げた小さなトルティーヤの上に、プルドビーフ、チーズ、緑か赤のサルサをのせたもので、夜食に食べられることが多い料理。

　セミータス（写真2）は、ゴマがついた大きな丸いパンに具を挟んだサンドイッチ。具材は鶏か豚のカツ、辛くマリネした豚のグリル、ハムなどいろいろなものから選べます。チーズ、アボカド、チレのマリネをトッピングして、ボリュームたっぷり。そこにパパロというハーブを添えるのですが、こってりしたセミータスのさわやかなアクセントとなり、クセになる味です。

　モローテス（写真3）はマイスの粉と小麦粉を混ぜて成形し、具材を加えて揚げたスナック。ふつうはじゃがいも、チーズ、ひき肉、豚の皮を揚げたチチャロンなどが入りますが、Antojitos Acapulco では、えび、タコ、マイスに付くきのこの一種ウィトラコチェなど、一風変わったメニューもあって、いろいろ食べ比べたくなります。

　タコスのページ（p.34）でも紹介したタコス・アラベス（写真4）は中東由来の料理。プエブラ発祥なので現地にはその店がたくさんありますが、人気のあるのが、1933年創業の Tacos Árabes Bagdad。さすが本場だけあって、炭火焼きの肉がジューシーで絶品。もっちりとしたピタパンとの相性は抜群です。

　豊富なストリートフードがあるから、チェーン店の人気があまりないのもプエブラらしい。そんなおいしいものを地元の人たちと肩を並べて味わうのは旅の醍醐味だと感じるのです。

3_Antojitos Acapulco
Av. 5 Pte 114, Centro,
Puebla de Zaragoza

4_Tacos Árabes Bagdad
Av. 2 Pte 311, Centro,
Puebla de Zaragoza,
instagram.com/tacos_bagdad/

45
週末のアンティーク市

Plazuela de Los Sapos
プラスエラ・デ・ロス・サポス

　週末には Los Sapos 小路を中心に、アンティーク市が開催されます。器や家具、日用品、本、絵、アクセサリーなどなど、掘り出しものはないかと集まる地元の人や観光客で賑やかになります。

　マーケットの規模はそれほど大きくないですが、周辺にはアンティークショップがたくさんあり、週末のアンティーク市に合わせて店の外まで商品を並べたり、バーやカフェも多いので、ぶらぶらと歩いていても楽しめます。

　ちなみに Los Sapos（ロス・サポス）はカエルたちという意味。古く植民地の時代に近くにあるサンフランシスコ川がたびたび氾濫し、この辺り一帯に水が溜まり、たくさんカエルが生息したのだとか。そんな歴史からこの通りを「カエルの小道」と名付けたそう。目印に、カエルの像と噴水があるので探してみてください。

Plazuela de Los Sapos
6 Sur 106 y 110, Centro, Puebla de Zaragoza

OAXACA

オアハカ

46
オアハカの歩き方

Oaxaca de Juárez
オアハカ・デ・フアレス

　オアハカには先住民文化が色濃く残り、刺繍、陶器、織物、ウッドカービング、かごなど数多くの個性豊かな民芸品があります。周辺の村には、それらを作っている職人のコミュニティがあり、そのほとんどが家族経営の小さな工房。中心部には民芸品を扱うお店が並び、曜日ごとにティアンギスと呼ばれる青空市が開かれるので、クラフト好きにはたまりません。

　また昔ながらの調理法を受けつぐ料理は世界中の人々を魅了し、美食の街としても知られています。ぜひオアハカ料理を堪能してみてください。

　街の目印はサント・ドミンゴ教会(Santo Domingo de Guzmán)。夕方になると教会前に人々が集まり、市民の憩いの場となっています。教会の周辺にはレストランやバーがあり、教会前の坂道を上がっていくと、ここにも素敵なセレクトショップがぽつりぽつりと。またセントロから少し歩いたハラトラコ地区もギャラリーやカフェ、メスカルバーなど新しいお店が増えています。

　ソカロ広場(Zócalo)周辺には、食料品や食堂があるベニート・フアレス市場と11月20日市場(p.138)、その隣に民芸品市場があり、雑然としつつも活気にあふれています。中心部は歩いて回れますが、少し離れているけど、わざわざタクシーで訪れたい素敵な店も紹介しているので、ぜひ足をのばしてみてください。

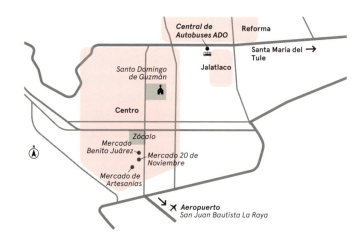

47
オアハカでとっておきの民芸品を見つけよう

Artesanías de Oaxaca
アルテサニアス・デ・オアハカ

　オアハカにはたくさんの種類の民芸品があり、そのすべてがこの地の職人たちの手作業によって生み出されています。
　テキスタイルは、オアハカ市周辺だけでなく州内各地で作られていますが、コミュニティごとにデザインや手法に特徴があります。
　手刺繍では、サン・アントニーノ村の花の刺繍がびっしりとほどこされた細かなものもあれば、ハラーパ・デ・ディアス村の鳥や植物をモチーフにした先住民マサテコの大胆な刺繍もあります。イスモ地方では、豪華な花の図柄や幾何学的な模様を、ミシンを細かく動かしながら刺繍しています。ゲレロ州との境にあるアムスゴ地方の腰織りは、花や動植物などの繊細な模様がとても素敵です。
　テオティトラン・デル・バジェ村では、天然素材で染色した羊毛で先住民サポテコの伝統的な柄を織ったラグマットがあります。
　陶器で有名なのは、サン・バルトロ・コヨテペック村のバロ・ネグロ。着色で

はなく独特な焼き方により真っ黒な陶肌を生み出しています。ほかにも釉薬を使わず素朴な土色の陶器が州内各地で生産されています。またアギラール一家の工房が作るメキシコらしいモチーフの味わい深い陶器の人形も人気。

　色鮮やかなペイントが施されたウッドカービングもオアハカらしいアイテム。もともと観光土産として作られていたものが、メキシコシティ発祥の派手な色を塗った張り子のアレブリヘスに影響を受け、独自のウッドカービングになったといいます。サン・マルティン・ティルカヘテ村やアラソラ村では多くの家がウッドカービング作りに従事しています。

　最近の民芸品では、ハートやガイコツ、動物などの形に切り抜いたブリキを彩色したオーナメントや、カラフルなプラスチックの紐を編んだかごバッグがあり、オアハカ市内や近郊で作られています。

　大きな産業がないオアハカで生活の糧として始まった民芸品作りが、人々の創造力によって、この土地の揺るぎない魅力となっています。

＊これらの民芸の工房をめぐる日本語のツアーもあるので参加してみても！
さる屋（@saruyaoax）／オアハカ工房めぐりで検索

48
フェアトレードでオアハカの民芸品を

Aripo
アリポ

　オアハカ州全域から民芸品を集めた州営のセレクトショップが Aripo。ひとつの建物の中に、テキスタイル、ラグ、陶器、かご、ウッドカービング、ジュエリーなどが、セクションごとに見やすく展示されているのがミュージアムのよう。遠くの村までわざわざ行かなくても、上質なものを適正価格で購入できます。

　高級な芸術品のような民芸品もあるけれど、メスカルを飲むのに使えそうなガイコツ型の陶器、羊毛ラグと同素材のコースターや、ブリキでできたハート型のオーナメントなど、お土産に買いやすい品も揃えています。民芸品について、スタッフに話しかけたら快く説明してくれて感じがいい。

　ここはオアハカ州の民芸生産者たちの保護を目的にした協会が母体です。生産者たちが公正に販売できるように 1981 年の創立以来、800 以上の職人の民芸品を扱ってきたそうです。ショップだけでなく、イベントでの販売や国内外でのオアハカ州の民芸品のプロモーションも担っていますが、生産者たちからはコミッションを取らないスタンスを守り続けています。民芸品の生産者たちは、かねてから公正な価格で商品を販売しづらい状況にあるので、生産者も購入者もにっこりできるようなルートで購入したいのです。

　そして、何よりもオアハカの民芸品の豊かさと伝統を継いでいくために、ここがあるのが素晴らしいなと思います。

Aripo
Manuel García Vigil 809, Centro,
Oaxaca de Juárez
instagram.com/aripo_oaxaca/

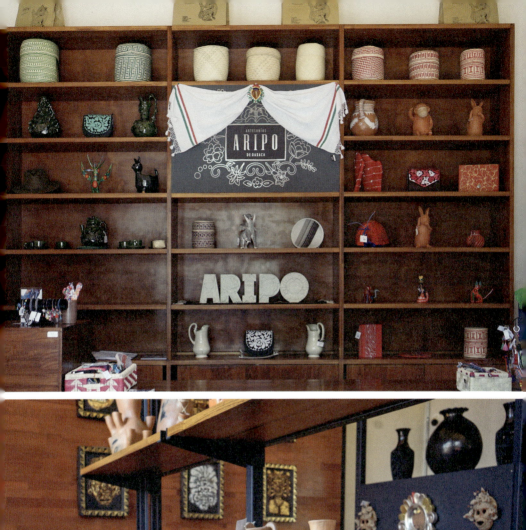

49
女性たちの手が作る、大地の色の陶器

1050 Grados
ミル・シンクエンタ・グラドス

　土の色が生かされた、心に刺さるような素敵な陶器が、オアハカにはたくさんあります。いまやモダン・メキシカンのレストランがこぞって使っているから、オアハカ以外の街で見かけることも多くて、その存在は気になっていたのですが、オアハカ産のその器に食べ物をのせると、とびきりおいしそうに見えるのです。

　そんな器を買うのならば、オアハカで陶器を生産する7コミュニティの50工房によるコーポラティブ・ショップ 1050 Grados がおすすめです。2階建ての店内には、美術品のように大きな壺から、動物をかたどった愛らしい置物、食器などが所狭しと並んでいます。

　オアハカを代表する民芸で、釉薬を使わずに真っ黒に仕上げるバロ・ネグロや赤茶色に仕上げるバロ・ロホを女性たちが生み出したように、この店で扱う陶器も女性たちによって作られています。村のほとんどの男性たちは仕事を求めてアメリカに行ってしまい、残された女性たちが生きていくために、自分たちの暮らす場所の土を使って陶器を作るようになったのです。

　デザインはコーポラティブで考え、窯に使う燃料もできる限り自然なもので、土に還るものしか作らないというのがモットー。手作りだから、同じものは何ひとつないのも、彼女たちが作る器の魅力です。

　ショップの店番も生産者たちが交代で行っていて、一般向けの陶芸ワークショップが開かれることもあるそう。いつか受講したいなと思います。

1050 Grados
Esquina con Xólotl, Rufino Tamayo 800-c,
Centro, Oaxaca de Juárez
https://1050grados.com
@ instagram.com/1050grados/

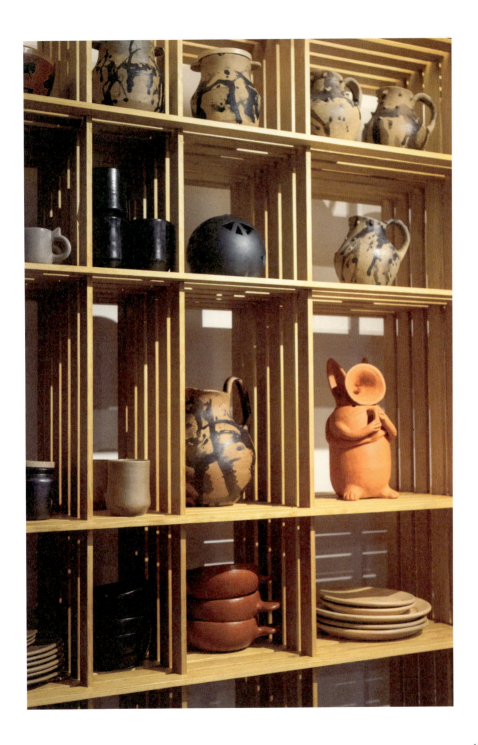

50
自然の力をかりて、丁寧に仕立てた服

Mexchic
メックスチック

　友人から、オアハカに行くなら素敵な店があるので行ってみて！と教えてもらったのが、クリスティーナさんの店Mexchic。

　ここに並ぶのは、ヴィンテージやアンティークの生地を使って、彼女がデザイン、リメイクをした一点ものの服。同じ白い服でも、それぞれ個性があって、お店の中は淡いグラデーションで彩られています。植物など天然素材で染色された生地も、その年によって微妙な変化があり、同じ色はひとつとしてないのです。

　どの服もみな、クリスティーナさんのアトリエで、すべてオアハカに住む女性チームの手作業で縫製されています。タグは手漉きの紙、ハンガーにも布が巻かれていて、この店のひとつひとつに細やかな愛情を感じるのです。

　ほかにも、アクセサリーやインテリアの小物などがありますが、可能な限り女性の職人や女性の作家の作品をセレクトしているのが特徴。

　床のタイルがかわいいですねと伝えると、「この古い床の模様が気に入ってこの場所に決めたの！」とはにかみながら教えてくれました。

　古いものや自然を大切にしながら生み出される彼女の作品は、どれも筋が通っていて、オアハカで必ず立ち寄りたい場所のひとつです。

Mexchic
M.Bravo 307, Centro, Oaxaca de Juárez
https://www.mexchic.co
instagram.com/mexchic_shop/

51
テキスタイルを愛する人たちへ

Texere
テシェレ

　オアハカ中心部から少し離れたサンタ・マリア・デル・トゥーレは、樹齢3000年以上とされる巨樹がある街（p.150）。そんな樹のほど近くに、テキスタイルを探求するTexereが拠点とする家があります。

　その100年以上はゆうに経っている建物には、樹が茂り、植物があふれる開放的な中庭があります。建物内のあちこちにテキスタイルの作品が飾られていたり、機織りや糸を紡ぐ素朴な機械があり、糸や道具がきちんと並んでいたりして、その佇まいがあまりにも素敵。どこを見ても絵になる空間なのです。

　Texereは、織る、縫う、刺繍する、染める、紡ぐ、編むといったテキスタイルに関わるすべての作業ができる共同の工房になっていて、事前に申し込めば、道具を借りてここで作品を作ることもできます。建物の奥にはレジデンスのスペースもあり、その日もちょうどカナダから来たアーティストが、糸で作品を作っていました。

　テキスタイルに関わるものを揃えたショップもあり、これまた素敵なのです。羊毛から紡いだ糸、自然繊維の布、天然染料、作業に使う道具などオアハカはもとよりメキシコでもあまりないようなアイテムを購入できるほか、代表のケイトリンが世界を旅して集めたテキスタイルのコレクションがあって、ひとつひとつをうっとりと眺めてしまいます。テキスタイルに関する本も揃えていて、まるで店全体がライブラリーみたい。

　インスピレーションの宝庫のような場所です。

Texere
Union 21A, Santa María del Tule
http://www.texere.casa/
instagram.com/t.e.x.e.r.e/

52
メキシコのサウナ

Temazcal
テマスカル

　テマスカルとはメキシコの伝統的なサウナのようなもの。アドベ（砂、粘土、わらなどで造った天然の煉瓦）で作られた小屋の中で、熱く焼いた石に水をかけて水蒸気を発生させ、身体や魂を清める古代から伝わる浄化儀式です。
　オアハカにはテマスカルを体験できる場所やツアーがいくつかあります。中にはスパのように、マッサージを併用したリラクゼーションを目的としたものも。
　私がおこなったテマスカルはHPから予約ができる、ホテルが主催しているもの。到着して受付をすませると、バスローブに着替えてスタート。
　テマスカルの入口はとても低く、這うようにして中に入ると、大人がふたり体育座りできるぐらいの空間。その洞窟のような狭さにはじめは圧迫感を感じるのですが、だんだんと慣れてゆきます。一説によるとテマスカルは、胎内を表していて、この儀式は新しく生まれ変わることを意味しているのだとか。
　テマスカルの中で、スタッフが焼石に薬草を煮出した水をかけると、熱気が発生し、豊かな香りに包まれます。薬草で体や頭をはらい、浄化をしてくれるので、深く呼吸をしながらリラックスして過ごします。浄化が終わると別室に移動し、ゆっくりとマッサージをしてもらい終了。
　日本から遠く離れたオアハカで、神秘的な体験ができます。

53
料理人親子の特別なメキシコ料理店

Alfonsina
アルフォンシーナ

　オアハカ市内から車で 30 分、舗装されていない田舎道を進むと、突然、その店の扉が現れます。

　Pujol（p.72）のシグニチャー、モレ・マドレのレシピ作りに関わり、モレとトルティーヤを担当していたシェフ、ホルヘ・レオンが、母のエルビアとともに故郷オアハカで開いたレストランが Alfonsina です。料理人だった亡き祖母の名を冠したこの店は、郊外にある彼の生家の一角にあります。オープン当初は口コミでしか知られていなかったのですが、今や世界各国から人々が訪れるような存在に。

　煉瓦造りの簡素な建物の中に、最新式設備と昔ながらの薪の調理場が同居するキッチンが目を引きます。ここから伝統的だけれどユニークな料理が生まれているのです。ブランチはエルビアが、ディナーはホルヘが担当し、旬の素材を使ったコース料理のみを出しています。

　緑あふれる中庭でのブランチは、木漏れ日の下で食事できるのが気持ちいい。古代からの食文化が継承されるオアハカには、原種のマイス、トマト、チレ、豆があり、それらを使ったタマレスやトスターダスにスパイスやハーブを取り入れて、洗練された形にしています。そして、継ぎ足されてきた秘伝のモレが、焼きたてのトルティーヤとともにいただける幸せ。お料理上手の親戚の家を訪れたかのような、とびきりの料理が食べられます。ホームページから予約ができます。

Alfonsina
García Vigil 138, San Juan Bautista La Raya
https://alfonsina.mx/
instagram.com/alfonsinaoax/

131

54
やさしい飲みものアトレをどうぞ

La Atolería
ラ・アトレリア

　素焼きの土器の壺がカウンターに並べられているのはアトレの店。アトレとは、マサ（マイス粉を練った生地）に水を加えて、コトコトと煮た、ほんのり甘い温かい飲みものです。穀物のとろりとしたおもゆのような口当たり。

　La Atolería には青や黄色のマイスで作られたものや、4種のカカオがミックスされたもの、グアバやアマランサスなどを加えたものなど、8種類の中から選べます。アトレは腹持ちもいいので、朝ごはんのかわりにしても。サント・ドミンゴ教会 (p.112) のすぐ近くにあり、朝早くから夜遅くまでやっているので、ふらっと立ち寄るのに良い立地です。ちなみに隣にある同系列のベーカリーで売られているマイスを使ったパンもおいしいですよ。

La Atolería
Reforma 411, Centro, Oaxaca de Juárez
https://tierradelsol.mx/la-atoleria/

55
地元の人が選ぶチョコラテの名店

Chocolate y Mole Guelaguetza
チョコラテ・イ・モレ・ゲラゲッツア

　チョコラテは、固形の素を水か牛乳で溶かして作るメキシコ版ココア。カカオはオアハカの名産なのでたくさんのチョコラテのお店がありますが、買うのはいつも Chocolate y Mole Guelaguetza と決めています。

　店の入口では年季の入った粉砕機が、忙しそうに稼働しています。ここでは原料のカカオ、砂糖、シナモン、アーモンドの配合を選んで、自分好みのブレンドのチョコラテを作ることができるのです。

　すでにパッケージになっているチョコラテも、糖分をカットしたものや、アーモンドが多めのものなど、バリエーションが豊富です。カカオバターや保存料は入れずにローカルの素材のみを使っているので、優しい甘さでほっとするような味。オアハカでは、この店のチョコラテをモレ作りに必ず使うという人も多いとか。

　さらにオリジナルのモレも自慢。オアハカ特有の黒いモレ・ネグロをはじめ、いろいろなモレのペーストが売られています。

　お土産に持ち帰りたくなるものがたくさんあるお店なのです。

Chocolate y Mole Guelaguetza
20 de Noviembre 605, Centro, Oaxaca de Juárez
instagram.com/chocolateguelaguetza/

56
こだわりのマイス料理店

Itanoní
イタノニ

　店頭にある大きな陶器のコマルからはトルティーヤのいい香りが漂っています。パッと見には食堂のようなこの店、実は食通が必ず訪れるお店だとか。気がつけば、観光バスで訪れている欧米のツーリストらしき姿も。

　それもそのはず、この Itanoní は、オアハカに古代から伝わる37の原種の保護と普及のために、様々なマイスを使ったトルティーヤの店としてスタートしたのです。もちろん、マイスの粒を煮て潰し、生地にするという手の込んだ行程もすべてここで行っています。

　こだわりのマイスの味を伝えるタコス、ケサディーヤなどを出しているのですが、中でもオアハカならではの一品がテテラ。マサに味付けした肉や野菜などの具材を挟み、三角形の形状にして焼いたもの。煮豆のフリホーレス、フレッシュチーズ、サワークリームが入った最もベーシックなテテラは、シンプルながらも素材ひとつひとつの味を噛みしめて唸ってしまうほどおいしい。

　マイスの生地を溶かして作るアトレ（p.134）とチョコラテを混ぜたチャンプラードというホットドリンクは、メキシコシティでも飲めるものですが、ここのチャンプラードは今までに飲んだことがないくらい美味。おしるこのようなテクスチャーながらも、けっして重くない飲み心地。これは間違いなく素材の良さから来るものなのでしょう。

　ほっとするのに今まで体験したことのない味が見つかるお店です。

Itanoní
Av. Belisario Domínguez 513, Reforma, Oaxaca de Juárez
instagram.com/itanonioficial/

57
オアハカの味が詰まった市場

Mercado 20 de Noviembre
メルカド・ベインテ・デ・ノビエンブレ（11月20日市場）

　オアハカを訪れて、まず最初に腹ごしらえに来るのが、街の中心にある11月20日市場です。カラフルなパペル・ピカドに彩られ、楽団の演奏するマリンバの祝祭的な音楽が聴こえてきて、オアハカに迎えられている気分になります。

　ここはオアハカ料理を出す食堂が集まる市場で、たくさんのスタンド式の店が並んでいます。その多くの店のカウンターには、パリパリに焼いた大きなトルティーヤのようなものが山積みになっているのですが、これはオアハカの代表的な一品、トラユーダのためのもの。煮豆ペースト、肉、野菜、チーズなどがのった具だくさんのピザのような料理で、ボリューム満点です。モレ・ネグロを含めた様々な種類のモレ料理や、定食のようなセットを出すお店もたくさんあって、ローカルの人も利用しているようす。朝ごはんに、甘いパンとチョコラテを味わいに来てもいい。

　オアハカの街にはメキシコシティのローマ地区にあるようなおしゃれな店が増えつつあって戸惑うのですが、市場を訪れると昔からの空気をしっかり残しているので、ほっとします。

Mercado 20 de Noviembre
20 de Noviembre 512, Centro,
Oaxaca de Juárez

58
ここでしか食べられないフレッシュ・チーズ

Quesillo
ケシージョ

　オアハカの市場に行くと、チーズ屋さんの店頭で、長ーいチーズをくるくると丸めているのを見ることができます。それはケシージョというオアハカ名物の塩味のきいたフレッシュチーズ。メキシコのほかの街ではケソ・オアハカの名で知られています（オアハカでケソ・オアハカというと、別のチーズになるので注意）。

　手で裂いたものをおつまみのように食べたり、料理のトッピングに使ったりします。なんと、日本の「さけるチーズ」のモデルになったそうですよ。そのまま食べるだけでなく、オーブン料理などで火を通して使うことも。トルティーヤに包んでから温めるケサディーヤにするだけでもおいしいのです。

　ケシージョには、クリームが練り込まれているものとクリームなしがありますが、私の好みはまろやかなクリーム入り。市場では味見をさせてくれて、少量からでも売ってくれます。ただ、日本まで持って帰るのは難しいところ。だからこそオアハカで新鮮なケシージョを使った料理を思う存分楽しんでください。

59
イスモ地方の料理が楽しめるバー

Zandunga
サンドゥンガ

　オアハカ湾岸部にあるイスモ地方の料理を出すレストラン Zandunga は、産地直送の素材を使った味に定評のある店。行列ができるほど人気ですが、その一角がバーになっていて、ふらっと飲みに立ち寄るのにいい感じなのです。

　パッションフルーツ、マンゴーといったジューシーなフルーツを使ったメスカルのカクテルは美味しいし、料理が自慢の店だからおつまみの味も保証付き。

　魚のそぼろをトトポスと呼ばれる焼いたトルティーヤのようなものと一緒に食べるお通しが絶品で、おかわりしたくなってしまうほど。魚も肉もしっかりした味付けの料理が多いのですが、中でもおすすめはガルナチャスという、揚げたトルティーヤにほろほろの牛肉をのせた軽食。肉の旨みとトマトベースのさわやかなサルサ、濃厚な粉チーズのコンビネーションが最高です。

Zandunga
Manuel García Vigil 512,Centro, Oaxaca de Juárez
http://zandungasabor.com
instagram.com/zandungasabor/

60
様々な
メスカルが揃うバー

Mezcalería Los Amantes
メスカレリア・ロス・アマンテス

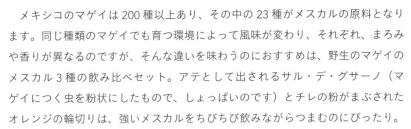

　メスカルの産地のオアハカには、それが飲めるバー、メスカレリアが多くあります。中でもメスカルのメーカーが経営する Mezcalería Los Amantes は、こぢんまりとしていながらも惹かれる店です。

　天井まで届きそうな大きな棚には、アンティークの木の人形や素朴な陶器が飾られ、メスカルの保存に使う大きなガラス瓶に絵を描いたものもずらりと並んでいます。

　メキシコのマゲイは 200 種以上あり、その中の 23 種がメスカルの原料となります。同じ種類のマゲイでも育つ環境によって風味が変わり、それぞれ、まろみや香りが異なるのですが、そんな違いを味わうのにおすすめは、野生のマゲイのメスカル 3 種の飲み比べセット。アテとして出されるサル・デ・グサーノ（マゲイにつく虫を粉状にしたもので、しょっぱいのです）とチレの粉がまぶされたオレンジの輪切りは、強いメスカルをちびちび飲みながらつまむのにぴったり。

　バーマンやその場に居合わせたお客さんたちとの会話もはずみ、ついもう一杯頼みたくなってしまいます。

Mezcalería Los Amantes
Ignacio Allende 107, Centro,Oaxaca de Juárez
https://losamantes.com/
instagram.com/mezcalerialosamantesoax/

61
洗練を極めた青のホテル

Hotel Azul
ホテル・アスール

　Hotel Azul は朝の時間が特に気持ちがいい。建物に差し込む光がまるで教会のように厳かで、賑やかな 1 日が始まる前のほんのわずかな静けさを堪能できます。ホテル名でもある azul はスペイン語で青という意味。青く塗られた壁と使い込まれた床や柱の木の色とのコントラストがとても美しい。
　トンネルのような廊下を抜け、屋上までのびたサボテンに囲まれた中庭に出ると、そこにメキシコを代表する国民的芸術家、フランシスコ・トレドの壁画の滝がシンボリックに佇んでいます。このホテルはトレドをはじめ、オアハカ出身のアーティストとコラボレーションしたスイートルームや、古代のオアハカをテーマにしている建物内の装飾などが特徴。部屋にはウェルカムフルーツや、外出用の麦わら帽子と真っ青なスカーフ、メキシコのかごバッグ。どこを切り取っても絵になる、素朴さの中に洗練された美意識を感じます。

Hotel Azul
Calle de Mariano Abasolo 313,
Ruta Independencia,Centro, Oaxaca de Juárez
https://www.hotelazuloaxaca.com
instagram.com/hotelazuldeoaxaca/

62
ほっとするレストラン

Casa Taviche
カサ・タビチェ

　オアハカにはたくさんのおいしいレストランがありますが、Casa Taviche は私にとってちょうどいいランチが食べられる店。毎日メキシコ料理が続いて、だんだんと胃が重たくなってきた時に、野菜がほどよくとれて、ちょっと気が利いている軽めのオアハカ料理であるうえに、値段もお手頃なのが嬉しい。

　例えば、オアハカの郷土料理であるモレ・ネグロ（p.102）は、鶏肉にソースをかけるのが一般的ですが、ここではポルトベッロという大きなきのこのソテーと合わせていたり、魚料理もレモンクリームでさわやかに仕上げていたり。

　そしておすすめは、注文する時にコン・アロス（con arroz）にしてもらうこと。アロスは米の意味で、頼むと添えてくれます。メキシコではごはんも具材としてトルティーヤで巻いて食べるので、米はどちらかというと野菜のような位置付けですが、日本人にとって少しでもごはんがあると何だかほっとするのです。

Casa Taviche
Miguel Hidalgo 1111, Oaxaca de Juárez
instagram.com/casataviche/

63
巨大サボテンに会いに行く

Jardín Etnobotánico de Oaxaca
ハルディン・エトノボタニコ・デ・オアハカ（オアハカ民族植物園）

　街の中心、サント・ドミンゴ教会のすぐ近くにあるオアハカ民族植物園は好きなスポットのひとつ。植物園が開催しているツアーに参加すると、広い敷地内を見学できます。サボテンや多肉植物、果実、チレ、スパイスやハーブなど、オアハカの生活に欠かせない古くからの貴重な植物が集まっていて、とても見応えがあります。中には空に向かってサボテンが5～6メートル近くのびる、サボテンがフェンスになっているエリアも！

　ツアーの所要時間は1～2時間くらい。昼の植物園は日差しが強くて陽を遮るものがないので、日焼け対策はしっかりすることをおすすめします。スタート時間が決まっているので、HPでチェックしてから出かけてくださいね。

Jardín Etnobotánico de Oaxaca
Reforma Sur n, RUTA INDEPENDENCIA, Centro, Oaxaca de Juárez
https:// jardinoaxaca.mx

64
いつでも塗り直しOKな看板
Rótulos
ロトゥロス

　メキシコの街並みで思い出すのは、カラフルな建物や壁に直接ペンキで描かれた看板。失敗してもそんなに気にしていなさそうな、また色を変えればいいか、と言わんばかりの自由さとおおらかさ。そういうところが魅力的だと思います。

　みんな違って、個性豊か。バラバラだけど、それが集まったら調和して見えるから不思議。何より、楽しそうだしとてもチャーミング。そんな景色を追いかけて、ついついカメラ片手にあちこち歩き回ってしまうのかもしれません。

旅の思い出あれこれ

タマスラパン村のふた口の壺。この独特の形は古くは水差しとして作られていた形だとか。(Aripo p.118)

トナルテペック村で作られた独特な模様の大きなボウル。
(1050 Grados p.120)

乾いた色がきれいなボウル。メキシコシティのTetetlán (p.66)で購入。

赤土の素焼きの壺。両手で抱きかかえる大きさ。オアハカ市内のセレクトショップで購入。

オアハカのアツォンパ村のFranciscoさんの工房で買ったメキシコでは珍しいオーバル型のプレート。

黒土のプレート。メキシコシティのセレクトショップで購入。マットな黒がお気に入り。

オアハカのアツォンパ村Ruiz Lopezさんの工房のプレート。高級レストランでも使用されているそう。

調味料などを入れるような小さめの器。脚付きはオアハカのティアンギス（野外市場）で見つけました。

プエブラのCasareyna (p.98)の工房で作られているタラベラ焼きの器。

プエブラの週末のアンティーク市 (p.110)で見つけたタラベラ焼きのアンティーク。

プエブラのアンティークショップで購入。オアハカの古い器。
(La Quinta de San Antonio p.107)

オアハカ在住のアーティストTreviさんのコーヒーカップ。土の色の違いで模様を作っている。

大きなかごバッグ。ポンボンは別売りで、オアハカでよく見かけます。オアハカのセレクトショップで購入。

オアハカで購入した昔ながらの製法で作られたお香。かごの中に素焼きのお香立ても一緒に入っている。

メキシコシティのシウダデラ民芸品市場（p.24）で買ったもの。ヤシの葉で編んだかごは大小様々あって、かご好きにはたまらない。

オアハカのベニート・フアレス市場（p.112）で購入した羊毛で織ったコースター。作り手によって模様や色も様々。

ホウロウの小さめのボウル。とても重宝しています。メキシコシティの Almacenes Anfora（p.42）で購入。

紙好きにはたまらない質感の紙。ピンクの紙はタコス屋で使っているもの。資材屋さんで見つけました。

メキシコシティの古本屋で見つけた料理本。中はイラストとレシピで辞書のような厚さですが、ひとめぼれ。

メキシコシティのタコス屋が紹介されているハードカバーの写真集。（Librería Casa Bosques p.14）

メキシコ産の天然染めのウールと、コットンの紐。色が美しくて丈夫で、素材感もいい。（Texere p.124）

メキシカンビーズで作られたカラフルなピアス。オアハカのセレクトショップで購入。

Eloy Santiago Cruz さんのモダンな犬のウッドカービング。オアハカのセレクトショップで購入。

ハンドメイドのサンダル。皮がやわらかくて履きやすく、色のバリエーションが多数ある。（Mexchic p.122）

Columna 1　メキシコの移動手段

[メキシコシティ]

　市内の移動手段は地下鉄、路面バス、バス、タクシー、Uber があります。効率よく回るには、Uber（評価の高いドライバーを選ぶ）が便利。行き先を設定すると、おおよその金額や所要時間が前もってわかるので安心です。ただアプリは常に最短ルートを表示するので、知らない間に危険なエリアを通ってしまうことも。Uber に限りませんが、なるべく深夜や早朝の不要な移動は避けましょう。また、空港や長距離のバスターミナル駅には Uber の車は入れないので、駅でチケットを購入する公式のタクシー会社を利用して。流しのタクシーは避けましょう。

[メキシコシティからプエブラへ]

　メキシコはバス大国。国土は日本の 5 倍と広大ですが、鉄道が発達していないため、近郊への移動は長距離バスを利用します。主要なバスターミナルは東西南北にあり、プエブラ行きのバスは本数が多いので東の「TAPO」が便利。チケットはネットや駅のカウンターで購入可能。いくつかバス会社がありますが、おすすめは ADO。安全の面から直行便を選びましょう。プエブラのバスターミナル「CAPU」から市内へは駅のタクシーで。市内に入ったら、Uber も利用できます。

[オアハカ]

　オアハカでは Uber が利用できず（2024 年現在）、別の配車アプリがありますが、電波が入らない場所もあり、安定しません。基本的に市内は徒歩、中距離の移動はバスかタクシーを利用します。タクシーは市内でたくさん見かける黄色いタクシーと、Colectivo（コレクティーボ）という乗合いタクシーがあります。コレクティーボは安いですが、スペイン語が話せないとややハードルが高め。タクシーはメーター式ではないので、乗る前に行き先を伝え、必ず金額を確認してから利用しましょう。ほかに、オアハカ周辺の村への移動は、ツクツクのような 3 輪のモトタクシーもあります。

「TAPO」のバスターミナル。ファストフードや売店もあり広い。バス会社ごとにカウンターが分かれていて、行き先は掲示板やモニターに表示されています。

オアハカ中心地でよく見かける黄色のタクシー。

あまり乗る機会はないが、オアハカ市街の村は道がせまいので、モトタクシーが便利。

Columna 2　メキシコ食べ物用語集

Arroz（アロス）
米、ごはん。メキシコでは主食ではなく、付け合わせのサラダのような感覚でサーブされる。

Chile（チレ）
メキシコ原産の唐辛子。200種以上あり、辛味付けだけでなく、出汁としても使う。

Chocolate（チョコラテ）
メキシコのチョコレート。カカオと砂糖を固めたもの、または粉状のものを溶かして飲む。

Cilantro（シラントロ）
パクチー、コリアンダー。料理の薬味に多用される。

Enchiladas（エンチラーダス）
具材入りのトルティーヤ数本に、サルサやサワークリーム、チーズをたっぷりかけた料理。

Limón（リモン）
メキシコのレモン。ライムのように皮は緑色だが、あっさりした味。英名はキーライム。

Maguey（マゲイ）**／Agave**（アガベ）
200種以上もあるメキシコ原産のリュウゼツランの名称。古代から飲料や繊維として使われる。

Maíz（マイス）
メキシコ原産のトウモロコシ。色は青や赤など様々だが、白色が一般的で粒は硬め。

Masa（マサ）
「生地」を指す言葉。マイスの粒を石灰と煮て潰し、こねたマサは料理や飲み物に使われる。

Mezcal（メスカル）
マゲイ（アガベ）の蒸留酒。テキーラと異なり、産地やマゲイの種類は多岐にわたる。

Mole（モレ）
サルサの材料にナッツ、油脂などを加えた重めのソース。チョコラテを加えることが多い。

Pulque（プルケ）
マゲイ・プルケロの茎に溜まった蜜を自然発酵させた、古代からある乳白色の甘みのある酒。

Quesadilla（ケサディーヤ）
トルティーヤの中に具材を入れたものを焼いたり揚げたりした軽食。チーズを入れる場合も。

Salsa（サルサ）
チレやトマト、香味野菜、リモンを使ったソース。日本の醤油のように多用される。

Tacos（タコス）
調理した具材をトルティーヤで巻き、サルサや刻んだ野菜をのせた料理。昼や晩に食べる。

Tomate（トマテ）／
Tomatillo（トマティージョ）
グリーントマト。緑色のサルサ・ベルデに使われる。

Tortilla（トルティーヤ）
マサを平らに丸くのばして焼いた主食。小麦（アリナ、Harina）が材料でも同様の呼び名。

Tostadas（トスタードス）
堅焼きのトルティーヤ。魚介や香味野菜をのせたり、スープ料理のお供にすることも。

Columna 3　ミニ会話メモ

¡Hola!（オラ！）
「やあ」という軽い挨拶。朝昼晩問わず、とりあえず使っておけば問題はない。

Gracias（グラシアス）
「ありがとう」は常に欠かせない。買い物した時や、押し売りを断る時もなぜか使う。

¿Cuánto cuesta?（クアント・クエスタ）
「いくらですか？」は買い物やサービスを受ける時に必要。必ず値段を先に確認して！

Hasta luego（アスタ・ルエゴ）
「またね」の意味。「さよなら（Adiós）」よりも、余韻を残して別れるのが主流。

Columna 4　旅の便利帳

1日の中に春夏秋冬がある

季節にもよりますが、メキシコシティは寒暖差がとても激しいので、日中半袖でも、夜にダウンジャケットを羽織ることも。脱ぎ着しやすいコンパクトな上着を一枚持っていくと重宝します。

標高が高い街

メキシコシティは実は富士山の5合目とほぼ同じ標高。思っているよりも体力を使います。また乾燥していて排気ガスもたまりやすいので、喉をやられることも。飴とこまめな水分補給は忘れずに。

宿泊先について

ホテル、B&B、近年はエアビーも増えて、様々な選択肢がありますが、メキシコシティではとくにエリアに気をつけて選ぶとよいでしょう。詳しくはP.8を参照してください。

通信事情

SIMカードは、主要プロバイダーTelcelがおすすめ。空港、携帯ショップ、コンビニで購入可。他にeSIMもありますが、オアハカなど場所により電波が入りにくい。店ではwifiが使えることが多い。

トイレ事情

メキシコではほとんどのトイレでトイレットペーパーを流せません。使用済みペーパーは、必ず便器の横にあるゴミ箱へ。慣れるまで苦労しますが、水圧が弱く詰まってしまうので気をつけましょう。

チップについて

飲食店のチップは10〜20%ほど。カードの場合は、読み取り機で何%支払うのか選びます。またホテルなどでサービスを受けたら、基本的にチップをわたすのが通例です。

食あたり・モクテスマの呪い

おなかを壊したら、さあ大変。日本の薬がまったく効かず、通称モクテスマの呪いと言われるそうです。そんな時は現地の薬 Tredaに頼ろう！水道水は飲まない、氷や屋台のフルーツにも注意。

困った時のSanborns

フクロウマークが目印のファミレスとデパートが一緒になったようなチェーン店。薬、化粧品、電化製品、文房具など、あれを忘れた！という時の救世主。メキシコシティならあちこちにあります。

気軽に洗濯したい！

メキシコでは珍しいコインランドリースタイルのラバンドリア。繁華街にあるので、預けている間に近所で時間を潰せるのもいい。（Go Wash Lavandería・Juárez・CDMX）

街中がにぎわう、死者の日

10月31日の夜から11月2日の昼頃まで行われる死者を偲ぶ行事。マリーゴールドで飾られた祭壇を街中に作り、パレードも催されてお祭りのようになります。モレや死者の日のパンを食べる習慣も。

モダンなアカプルコ・チェア

1950〜60年代にメキシコのリゾート地、アカプルコで普及した椅子。制作者が不明なため、様々なメーカーでリプロダクトされているメキシコでとてもポピュラーな椅子。モダンで座り心地もいい！

メキシコの桜、ハカランダ

メキシコでは2〜3月頃、街路樹にハカランダという紫色の花が咲きます。この時期に訪れたらラッキー。紫色に彩づく街並みを見られるかもしれません。この樹木は、日本人の庭師が持ち込んだそう。

パペル・ピカドを買う

手作りのパペル・ピカドや紙製の飾りが所狭しと並ぶセントロ地区にある老舗。周辺は紙の問屋街なので、興味のある人はぜひ。(La Zamorana Tienda de Maravillas・Centro・CDMX)

大衆文化、ルチャ・リブレ

大衆文化の代表ルチャ・リブレは、Arena México（火・金・日）、Arena Coliseo（土）で開催。チケットは会場のほか、ネットで事前購入可。ルチャグッズもおもしろい！
https://www.ticketmaster.com.mx/

ミチェラーダがおいしい

メキシコ独特の美味しいビールの飲み方。塩がまぶされたコップにレモン汁が入った状態で運ばれてくるので、そこにビールを注ぐ。チャモイ（甘辛いチリ・ペースト）が塗ってあることも。

小腹がすいたら

エスキーテスは、茹でたマイスにチーズ、マヨネーズ、チレ、リモンなどをかけて食べる屋台フード。ジャンキーな味がくせになる。専門店もあります。
(Esquites Ruls・Juárez・CDMX)

メキシコ料理に疲れたら①

日本人オーナーのアジアンダイニングですが、いわゆる観光客むけの店ではなく、メキシコ人で賑わっています。パッタイなどのタイ料理、ラーメン、居酒屋メニューも。
(Mog Bistro・Roma Nte・CDMX)

メキシコ料理に疲れたら②

メキシコシティにはコリアンタウンがあるので、街中で韓国料理屋をけっこう見かけます。白いごはんにおかず、こういうのが食べたかった……となる救世主。
(The Hansik・Juárez・CDMX)

メキシコ旅行ならアエロメヒコで

　明るく朗らかな客室乗務員たちに迎え入れられて、機内に足を踏み入れると、そこにはシックな色みのゆったりとしたシート。旅の始まりに胸が躍ります。
　アエロメヒコ航空は、成田ーメキシコシティ間の直行便を毎日運航しているメキシコのフラッグキャリアです。メキシコシティで乗り換えれば、オアハカはもちろん、カンクン、グアダラハラなどメキシコ45都市以上へスムーズにアクセス。
　さらに！　成田線には日本語の機内通訳が乗務しているので、言葉の心配はいりません。

　機内での時間はとても快適。
　ビジネスクラスの機内食では、メキシコシティで人気の日本食レストラン「Yoshimi」のミリアム・モリヤマ氏監修の和食をどうぞ。もちろんアルコール類はテキーラをチョイスして！
　さらに、ビジネスクラスのアメニティキット「プレミエキット」は先進的。麦わら製の歯ブラシとコーム、クラフト紙製のポケットノートとペンをはじめ、耳栓やリップクリーム、ボディローション、はたまたそれを収めるレザーケースに至るまで、環境に配慮したリサイクルアイテムを採用。環境問題への意識の高さに驚くアメニティキットですが、実はメキシコの環境対策は、ほかの先進国以上に進んでいるのだとか……。

　成田からノンストップでメキシコシティまで13時間弱。
　この時間を気分よく過ごすなら、やっぱりアエロメヒコ航空がおすすめです。

https://www.aeromexico.com/jp-jp

文・写真

長屋美保（ながや・みほ）

ラテンアメリカの文化に惹かれ、2007年よりメキシコシティに在住。ライターとしてラテンの文化や社会を追いかける。メキシコシティで夫とともにアジア食堂を経営。
http://mihonagaya.hatenablog.com/

写真・文・デザイン

福間優子（ふくま・ゆうこ）

デザイナー。料理本や暮らしにまつわる書籍の装幀、手帳やパッケージなど紙もの全般のデザインを手がける。メキシコの伝統と洗練とかわいらしさが混じった魅力にはまっている。
 instagram.com/yodel_hakase

Agradecimientos especiales…

Esteban "Skippy" Plascencia Valencia, Masuhiro Yamada,
Antonio Ramírez Priesca, Alfonso Bonilla Ramírez, Christina Hattler,
Fumi Ishigami, Jaqueline Mota Hernández, Kenjiro Abe,
Rafael Rivera Romano, Shota Kimura, Yoko Sakurai, Yuko Amano,
Maestro José Mariano Leyva Pérez Gay
y así como todos nuestros amigos y familia que siempre nos han apoyado.

協力：アエロメヒコ航空
地図：株式会社WADE
本書の記載は2024年8月末の情報に基づいております。
情報が変更されている場合もありますのでご了承ください。

新しいメキシコ・ガイド
メキシコシティ プエブラ オアハカ

2024年10月31日　初版第1刷発行

著　者	長屋美保 福間優子
発行者	増田健史
発行所	株式会社筑摩書房 東京都台東区蔵前2-5-3　〒111-8755 電話番号 03-5687-2601（代表）
印　刷	TOPPANクロレ株式会社
製　本	加藤製本株式会社

本書をコピー、スキャニング等の方法により無許諾で複製することは、法令に規定された場合を除いて禁止されています。請負業者等の第三者によるデジタル化は一切認められていませんので、ご注意ください。乱丁・落丁本の場合は、送料小社負担でお取り替えいたします。

©Nagaya Miho & Fukuma Yuko 2024 Printed in Japan
ISBN978-4-480-87920-2 C0026

MAPA [地図]

本書で取り上げた場所は、以下のQRコードを読み取り、ごらんください。それぞれの地図はコピー用紙などに出力できます。

Ciudad de México
メキシコシティ

Puebla
プエブラ

Oaxaca
オアハカ

この地図は https://www.chikumashobo.co.jp/product/9784480879202/ でもごらんいただけます。